JN076284

英語授業をよくする質的研究のすすめ

笹島茂・宮原万寿子・末森咲・守屋亮 編

Introducing Qualitative Research to Improve Your English Teaching
Edited by SASAJIMA Shigeru, MIYAHARA Masuko, SUEMORI Saki, MORIYA Ryo

ひつじ書房

はじめに

　質的研究と聞くと、明確なイメージを浮かべる人は少ないかもしれません。「説明してください」と言われると、「数値で表す量的研究とは違う研究」などと答えるかもしれません。明確に説明するとなると少しむずかしい。しかし、最近、英語教育でも質的研究が少しずつ増えてきているようです。

　そのような中で、英語教育研究者の仲間で質的研究のわかりやすい入門書が欲しいという声が出てきました。小中高で英語教育に携わる英語教師の中からも、「もっといい授業をしたい。英語教育の研究や研修をしたいが、余裕がない」という声もよく聞きます。しかし、「研究は面倒だ」「研究よりも明日の授業で使えるアイディアや教材が欲しい」が本音かもしれません。

　それでも多くの教師は、生徒にとってよい授業をしようと努力しています。私たちはそれをよく知っています。また、教育に関心のある学生たちの熱心さを理解し、実践に役立つ研究をしたいと考える学生も多くいることも知っています。本書の目的は、それを後押しすることです。

　私たちは、**英語教育をよい方向に導き、英語授業や学習をより学習者にとって望ましくするには、質的研究が必要**だと考えています。量的研究を否定するわけではありません。実践的に英語教育を含めた言語教育や教育全体を改善するには、多面的な研究や実践がさらに必要と考えています。そのための一歩として、**質的研究をより身近に考えてほしい**と意図して本書を作成しました。Part I は、質的研究の背景と英語教育、質的研究の意義についてポイントを 15 項目にまとめて示してあります。Part II では、英語教育における質的研究を実践する上での背景や、リサーチ方法の基礎を 25 項目に具体的にまとめています。Part III は、質的研究に携わる研究者（著者）が、質的研究の具体的な経験や考え方を、多様な事例をもとに異なる視点から論じ

ています。また、質的研究に役立つ資料も添えています。

　本書は、英語教育における質的研究の発展とより実践に根ざした普及を意図して、企画してから出版まで数年の期間を要してしまいました。挫折することもありましたが、こうして形にできたことはひとえにひつじ書房のおかげです。支援に感謝するしかありません。特に、松本功編集長には貴重な意見と激励をいただき、また、スタッフの方には細かい点まで丹念に見ていただき、なんとかまとめることができたことは嬉しい限りです。ここに改めて著者一同謝意を述べたいと思います。

　研究は多様です。本書を手にした人は、明日からぜひ質的研究を始めてください。たぶん、考え方が変わると思います。

笹島茂、宮原万寿子

執筆担当

編著者	笹島茂	Part I, Part II, Part III 担当(2 節)
	宮原万寿子	Part III 担当(編集)
	末森咲	Part II, Part III 担当(3 節)
	守屋亮	Part II, Part III 担当(4 節)
著者	柳瀬陽介	Part III 担当(1 節)
	飯田敦史	Part III 担当(5 節)
	上條武	Part III 担当(6 節)
	玉井健	Part III 担当(7 節)

目　次

英語授業をよくする
質的研究のすすめ

Part I 質的研究の背景と英語教育

笹島茂

　英語教育の研究は、大きく分けて「量 (quantity)」と「質 (quality)」、あるいは、「定量」と「定性」などと分類されます。基本は、数値・数量などで目に見える形で結果（成果）を示すことのできない、**私たちの感覚・気持ち・こころなどと関係する類のことを一般的に「質」という言い方で表して**いるということです。「量より質」と言われるように、「質」は教育に携わる教師や生徒にとって大切なものです。

　「いいね」「わかった」「面白い」など、**日々の学習経験に大いに関係する大切なことが「質」**と言ってもよいでしょう。そう考えると、「量」も「質」も教育や研究対象の一部を切り取ったものであり、実際は複雑な現実の「**ものごと (entity)**」を2つにきっちり分けることはむずかしく、英語教育の現実の理解には、私たちの**主観 (subjectivity)**が重要です。それは「質」の理解と大いに関係します。

　英語教育に限らず教育全体でこの点は重要です。教育の研究は、**量的研究 (quantitative research)** だけでは成り立ちません。**質的研究 (qualitative research)** も絶対に必要です。また、教育と研究の実践を明確に分けるよりは、多様な状況を考慮して柔軟に考えることが大切になります。その際には、もちろん**客観 (objectivity)** は重要です。いずれにしても研究は一面的に考えるのではなく、量も質も併せて、何を目的にするかにより多面的に検討することが肝要です。そのヒントはやはり質的研究の理解にあります。

　Part I では、英語教育の実践と研究の関係を中心として、特に**質的研究の意義**について理解を図ることにします。英語教師にとって、実践と同様研究も重要な職務のはずですが、学校教育に管理的な風潮が強くなり、教師に余

裕がなくなりました。また、形式的な指導と成果が求められることで世間の目も厳しくなり、形式的な研究や報告が多く見られるようになりました。悉皆研修など目に見える研修や教員免許更新制研修などの義務研修、進学指導のためのテスト対策、生活指導や部活動など全人的な指導などに追われ、「研究と修養(研修)」は脇へ置かれるようになっていることを懸念します。教師を取り巻く厳しい現状を改善し、**明るく楽しく前向きに英語教育に携わる**ために、質的研究の意義を Part I では確認しましょう。

　研究というと堅苦しい印象を持つ人もいるかもしれません。研究には、たとえば、英語の言語、文学、文化、コミュニケーション、学習法、指導法などの研究がありますが、英語を学ぶことや教えることにかかわる**研究は多岐**にわたります。カリキュラム開発、指導方法の効果検証などから、発音と文字指導、意欲を引き出す教材、生徒とのやりとりの工夫などまで、**何でも研究**となります。英語を教えるということ (pedagogy) には共通した課題があります。医療の世界で研究と臨床が車の両輪であるように、教育にも研究は欠かせないはずです。現状はどうでしょうか。

　研究は、アンケート集計や統計分析など数値で示す、あるいは、「〜すれば、〜するだろう」に代表される仮説検証など、いわゆる**「根拠にもとづく (evidence-based)」**と考えていないでしょうか。「研究はこうであらねばならない」という何らかの思い込みは教育方法にも影響します。失敗や挑戦を恐れていては発展もしないのです。研究はそのために必要であり、それが目的でもあります。

　研究のための研究、検証方法に合わせた研究、発表や報告のための研究、動機なき研究などは、現場の教育には無意味です。教育のため、生徒のため、そして自分自身のために、目標が明確な研究をしましょう。そのためにも**研究方法の基礎を理解する**ことが大切です。量的研究も大切ですが、**質的研究は教育の現場には適している**と考えます。**「目に見えない (invisible)」**事象を明らかにする質的な探求の面白みを本書で理解してください。

　英語教育をよりよくするには実践に根付く質的研究が必要です

1. 英語教育の実践に役立つ研究は実践から

研修は教師の継続的な資質向上（CPD）を図る
具体的で素朴な疑問が大切だ
「質」の異なる根拠は実践の中にある

1.1 研修は教師の継続的な資質向上（CPD）を図る

　教育公務員特例法 21 条に「**絶えず研究と修養に努めなければならない**」
とあります。教師の職務を象徴する文言でよく引用されます。しかし、現状
では教師の自律的な研修には積極的な支援が乏しいようです。教師の仕事
は、学級経営、特別活動、学校安全、生徒指導、進路指導など多岐にわたり
ますが、英語教師や教師を目指す人は、英語指導や学習の**継続的な資質向上**
（continuing professional development: CPD）を図ることが重要です。

　しかし、教師個人が自由にテーマを決めて研究するのはそう簡単ではあり
ません。たとえば、夏季休業中の海外研修、働きながら大学院などで自主的
な研究活動、学校授業日の研修のための海外渡航など、教育委員会によって
は研修許可を出さない実例報告があります。所属学校の教育活動が最優先で
あり、特別な理由がない限り個人の私的な研修は認めない傾向にあります。

　国によって事情は異なりますが、教師には自分自身の継続的な資質向上
（CPD）を図る機会が必要です。日本も制度はありますが、夏季休業中の勤
務の扱い、研修内容の選択の自由、費用の補助、部活動指導など、自由に研
修するのは容易ではないようです。そのような状況でも、オンラインシステ
ムが利用しやすくなり、質的な研究はあらゆる場面で可能になっています。
継続的な資質向上は教師の職務であることが理解されるべきです。

1.2 具体的で素朴な疑問が大切だ

　「英語教育はよい方向で発展していると思いますか？」という疑問をきっ
かけに、筆者は 2015 年に「英語教育における**質的研究コンソーシアム**
（QRCEE）[1]」をスタートしました。目的は、英語教育における研究のあり方につ

1　QRCEE ウェブページ：http://eltqualitativeresearchjapan.blogspot.com

いて、研究者だけではなく、教師あるいは学生などが、もう少し緩やかに考える場を設定し、量的研究にシフトしている傾向に一石を投じたいということです。細々と続けている研究会ですが、その活動の間に徐々に変化しつつあります。国際的に見るとまだまだ閉鎖的な感は拭えません。本書の構想はその研究会に端を発します。その活動を通じて多くの疑問があることがわかってきました。たとえば、「具体的に質的研究はどのようにするのか？」「研究は統計処理をしなければいけないのか？」「アンケートやインタビューはどう分析するのか？」「観察は大事だと思うが、どのように統計処理をすればよいのか？」など。このような**具体的で素朴な疑問が研究の始まり**となります。本書は、そのようなニーズを反映して出版します。しかし、単なる論文を書くためのマニュアル本ではなく、英語教育の実践に役立つように構成してあります。

1.3 「質」の異なる根拠は実践の中にある

　英語教育研究は、これまで**実証研究**（empirical research）としての量的研究を重要視してきましたが、質的研究に少しずつ変化しています。**ミックスト・メソッド・リサーチ**（mixed methods research: MMR）（混合研究）の増加がその傾向を顕著に表しています。英語教育の研究の主たる目標は、コミュニケーション能力の育成です。それは、医学のような分野とは「質」が違います。医学のように**科学的根拠にもとづく**（science/evidence-based）**英語教育**を目指すことは重要ですが、実践につながる素朴な疑問の解決から始まる**「質」の異なる根拠**を、実践の中に見出す必要があります。

Summary

English teachers need to do research to develop their professional knowledge and skills. In order to begin research, it is very important to start from a simple specific question in their actual classroom activities. Each teacher needs to identify different types of quality of evidence in their practices.

考察：あなたの現在の英語教育の疑問は何ですか

参考文献：Suzuki, W. & Storch, N. (eds). (2020) *Languaging in Language Learning and Teaching.* Amsterdam: John Benjamins Publishing Company.

2. 英語教育が抱える多様な課題を解決する質的研究

英語教育研究にも多様なテーマと課題がある
英語教育研究の作法は多様だ
研究目的・目標と方法は柔軟に考える

2.1　英語教育研究にも多様なテーマと課題がある

　日本の英語教育の実践発表には多くの魅力的な内容が見られますが、学術的に評価される論文となるとあまり多くありません。そのような日本の教師の実践が英語で発表された論文となるとほとんどないと言ってもよいかもしれません。2019 年全英連主催の全国大会で、「How to help students improve their listening skills by focusing on sounds and context」「思考力・発信力の向上につながる知的な授業のあり方」などというテーマの発表がありました。どちらも大様な印象がありますが、どのような実践か気になります。その背景には、**教師の指導の工夫だけでは解決できない複雑な要因があるという実態**が見えます。扱うテーマや課題は文脈により多様で複雑ですが、それを丹念に解決することが英語教育の改善に必要です。そのような**多様な英語教育のニーズに応える研究**がいま求められています。

2.2　英語教育研究の作法は多様だ

　多くの教育研究の基本的作法は、課題の目的（purpose）・目標（aims）やてだて（methods）を設定し、検証（test）するということです。検証方法（testing methods）は、「できたかできないか」あるいは「わかったかわからないか」の実践（practice）と、その量的な結果（results）と考察（discussion）の記述です。研究では複合的な要因（noise factors）は排除するのがふつうですが、**学習や授業は複雑**で、教師も生徒も人間であり感情があり、動機づけなどの研究は丹念に質的に探求することが重要になります。

　たとえば、日本の初等中等教育では独特の**授業研究の伝統**があります。この方式は、現在 Lesson Study として国際的に広がっています。授業研究の作法の基本は、教師が研究授業（research lesson）を行い、他の教師が観察（observation）する。その後協議（discussion）し省察（reflection）することで改善

(development) を図ることです。**教師の主観を重視する**この方法は、科学的とは言えないと批判された時期がありましたが、現在注目を集めています。

2.3　研究目的・目標と方法は柔軟に考える

研究は柔軟に考えることが大切です。こうしなければいけないという考えは捨てましょう。1970 年代以降の英語教育研究の動向は、**行動主義** (behaviorism)、**第二言語習得** (second language acquisition: SLA)、コミュニカティブ・アプローチ (communicative language teaching: CLT) などの影響を受けて、量的研究にシフトしてきました。にもかかわらず、英語教育の現場は必ずしもその恩恵を十分受けたとは言い切れません。研究の目的・目標や方法や結果が実験的であり、実態とは多少離れる傾向がありました。英語教育研究は**教師のニーズを適切に反映する必要**があります。

その意味から、研究のポイントは**実態に即して考える**ことが大切です。具体的には、1) **問題意識と研究の目的・目標を明確**にし、2) **研究方法を柔軟**に検討する必要があります。「研究のための研究」とならないように、柔軟に考え、できることから始めることです。「量的か質的か？」「授業研究か教材研究か？それとも？」「統計的処理が可能か？」などは、その次に考えることです。まずは、日々の実践や経験の中で素朴な疑問を持つことが大切です。たとえば、「なぜ中間テストや期末テストが必要なのか？」「成績はつけなければいけないのか？」など。当たり前を当たり前と思わず、そこから探求を始めましょう。

Summary

There are complex and diverse research themes in language education. For the solution of these issues, it is necessary to do elaborate and flexible research. Qualitative inquiries thus can meet teachers' needs and reflect upon practical ELT problems.

考察： あなたは英語教育の研究をどのように理解していますか

参考文献： USC. (n,d.) USC Libraries/ Research Guides/ Qualitative Methods. https://libguides.usc.edu/writingguide/qualitative

3. 根拠にもとづく英語教育研究は信用・信頼に値する

根拠にもとづく研究は数値データだけではない
根拠の意味は信用・信頼できるかどうかにある

3.1 根拠にもとづく研究は数値データだけではない

根拠にもとづく (evidence-based) 医療や根拠にもとづく教育など、**根拠 (evidence) が重視**されます。しかし、根拠の意味は分野により違います。医療分野では、科学的、医学的、臨床的、疫学的な知識や経験などを総合して蓄積された総体を根拠とし、多くの医療的知見は研究と結びつき共有できます。それに対して、教育では、必要な知識と授業実践が必ずしも一致しません。対象となる生徒も多様で、授業も多様で、研究が密接に役立つわけではなく、**教育分野では根拠を明確に設定することはむずかしい**のです。

根拠 ≠ 科学的、客観的、統計的な数値データ（事実）

当然、英語教育でも根拠の質は大きく違います。もちろん数値データを否定しているわけではありません。しかし、数値だけではわからないことが多いのが教育の特徴です。もちろん根拠にもとづく英語教育は必要です。しかし、データを数値で表し意味づけ (assess) ができる場合とそうではない場合を理解することが大切です。根拠とは、授業における**学習者と教師**が「**腑に落ちる (make sense)**」かどうかと強く関連します。「ある指導法で教えたらテスト成績が向上した」という結果は、どの程度の腑に落ちるでしょうか。数値はすべての要因を含んでいるわけではなく、成果の要因は多様であるのがふつうです。根拠が数値でなければならないというのは、思い込み (assumption) に過ぎないのです。教育は人の営みとしても複雑な要因から成り立っていると認識する必要があります。研究はそこから始めましょう。

3.2 根拠の意味は信用・信頼できるかどうかにある

信頼性 (reliability) や妥当性 (validity) の定義は、心理学の伝統からある程度定義が定着しています。科学においては客観的 (objective) という概念がやは

り重要で、それが腑に落ちる根拠となるからです。

○信頼性＝実験を何回実施しても同じ結果が得られるか（一貫性）
○妥当性＝実験が測定したいことを測定しているか（的確性）

客観的という概念がそぐわない**主観的（subjective）な要素の多い教育の分野**では、別の腑に落ちる根拠を示す必要があります。しかし、同様の尺度や方法（一貫性、的確性）ではむずかしいでしょう。ひとつの尺度としては、次のような質的研究で使われる腑に落ちる根拠の基準があります。

信用・信頼に値すること（trustworthiness）
信用できること（credibility） 転移できること（transferability） 再現できること（dependability） 確認できること（confirmability）

※ 11（p.24 参照）

　教育においては、医療における患者を生徒に置き換えて考えれば、学校や授業が臨床の場となります。しかし、治療を学習指導や学習活動と置き換えて考えることはそう簡単ではありません。教育の検証の基準はより複雑になります。その場合には、医療とは異なる質の主観（subjectivity）や情緒を無視することはできないのです。また、多言語多文化教育としての英語教育という視点も今後重要になってきています。

Summary

Evidence-based research does not only rely on quantitative data, but it also considers trustworthiness. In English education research, it is difficult to specify what evidence is. The point is that it makes sense for learners and teachers.

考察：あなたにとって信用・信頼できる根拠とは何ですか

参考文献：Hargreaves, D. H.（1996）*Teaching as a research-based profession: possibilities and prospects. London*: Teacher Training Agency.

4. 英語教育研究と統計分析

統計分析と質的データ分析の棲み分けをする
量的データと質的データを効果的に活用する
質的研究は教師の資質向上に役立つ

4.1 統計分析と質的データ分析の棲み分けをする

　統計分析 (statistical analysis) には、回帰分析、主成分分析、クラスター分析などがあり、データのサンプルが適切でなければ意味がなくなります。それを前提として、有意差があるか、分散がどうなっているか、相関関係はどうかなどを確認します。このプロセスが適切に行われなければ、結果の信頼性や妥当性は担保できません。統計分析データを示すことで根拠は明確になり、研究としては価値が高まります。しかし、このような厳密な(rigid)研究手法は複雑な状況を研究のノイズとして排除することになります。

　教育現場は複雑です。**授業研究を背景とした英語教育実践報告**が多くありますが、アカデミックな研究の作法に則っていないために顧みられることは少ないのが現実です。質的研究の作法は、そのような複雑な面に焦点を当てることができます。統計分析はもちろん大事ですが、質的データ分析との棲み分けが必要です。統計分析の利点と複雑な教育現場の実態を比較的反映できる質的研究の利点を生かす工夫をすることが大切となるでしょう。

4.2 量的データと質的データを効果的に活用する

　データには大きく分けて量的と質的の 2 種類あります。統計分析に必要なデータにも性別などの質的なデータもありますが、それも数値で表すことで量的データとして利用します。言葉・語り、観察、記述などは質的データとなります。質的データの利用には多様な方法が可能ですが、何かの傾向を示すためには数値化する方法が選択されることが多く、**コード化 (coding)** や**カテゴリー化 (categorizing)** が行われます。コード化は語句を単純化していくことです。そのコードを仕分けし、いくつかのカテゴリーに分類してまとめます。その結果を数値データで表し分析することもできます。その際には統計的手法が使われます。データはいずれにしても教育にも研究にも重要な

要素で、分析にあたっては、**統計分析は基本**となります。

　量的データと質的データを効果的に活用する必要があります。その点から統計分析が利用できる可能性があれば利用しましょう。統計分析はそれまでの知見から当然説得力があります。アンケートやテストスコアなど数値データであれば、データの中心的な傾向を把握すること、データの散らばりを把握することなどに、統計分析を利用することは大いに役立ちます。

4.3　質的研究は教師の資質向上に役立つ

　教育では実践が重要です。英語教育研究の目的の基本も実践に根ざすことです。さらに、多くの人と共有するには英語で発信することは重要です。特に質的なデータや分析は実践にかかわる有益な要素を多く含みます。教師にとっても、実践に関連する研究を行い、その課題を探求することは、自身の資質向上に役立てることができます。教師の成長を考慮すると、教育の主体である生徒の意識や学習に質的な変容をもたらす可能性のある柔軟な質的研究は、**英語教師自身の資質向上**と密接に関連し、無くてはならないものとなっています。最近では、量的・質的なデータの両方を組み合わせたミックスト・メソッド・リサーチ（MMR）も盛んになり、学習指導では客観的数値データに加え、主観的な人の営みの理解が必要です。大切なことは、研究成果を実践的に広く共有することなのです。

Summary

Statistical analysis and qualitative data analysis should cohabit in an appropriate balance. You need to use both quantitative data and qualitative data effectively. Qualitative research is especially useful for teachers to develop their professional knowledge and skills.

考察：統計分析は英語教育にどう役立つと考えますか

参考文献：The Beginner's Guide to Statistical Analysis | 5 Steps & Examples. https://www.scribbr.com/category/statistics/

国立教育政策研究所教育研究情報データベース（ERID）　https://erid.nier.go.jp/index.html

5. 日本の英語教育研究の動向

英語学習の目標を教師の実践に根ざした研究をもとに設定する
科学的な量的研究から多様性のある質的研究へ向かう
英語教育研究はより柔軟に多様に複合的になる

5.1 英語学習の目標を教師の実践に根ざした研究をもとに設定する

　日本の英語教育研究が始まったのは、英語教授研究所（The Institute for Research in English Teaching）[2] が Harold E. Palmer を初代所長として開設した 1923 年ごろです。歴史的には、まず英学として始まり、英文学や英語学と分かれ、英語教授法（English pedagogy /teaching methods）として発展しました。授業研究の伝統はその過程で培われ、日本に適した教授法についての考えが多く提示されるようになりました。しかし、研究者や教師の信条や経験に根ざした実践や提案が散見される程度でした。戦後、英語（正確には外国語）が中学校に教科として取り入れられ、すべての生徒が学習することとなり、**英語教育は教育において重要な役割**をすることとなりました。1970 年代ごろから科学的で客観的な視点が主流となりましたが、英語教育の本質的な問題は大きく改善されることがなく現在に続いています。**英語教育研究が実践とかかわってきた**のは事実ですが、課題はたくさんあります。たとえば、学習指導要領に記載される細かい指導内容（例：「英語の授業は基本的に英語で行うこととする」など）と、受験を目標とする知識の詰め込みと文法訳読に重点を置いた英語学習システムの実態との乖離があげられます。その点から、英語教育は実態を正確に把握し方向性を定める必要があります。その実態調査や現場の声をもとに、**英語学習の目標を教師の実践に根ざした研究をもとに設定する**工夫が求められます。

5.2 科学的な量的研究から多様性のある質的研究へ向かう

　仮説検証実験的な研究が英語教育でも依然として主流となっています。し

2　現在の一般財団法人語学教育研究所（略称：語研）にあたる組織です。1923（大正 12）年、当時の文部省英語教授顧問 Harold E. Palmer を初代所長として文部省内に設立。

かし、実証研究としては見過ごされてきた**個人の主観**や**経験的な手法**も実践においては廃れることはありませんでした。文献研究、文学研究、語法研究、教育研究など研究分野は細分化され、英語教師の専門性は多様に複雑になりました。英語教育研究だけを取り上げることでは問題の本質が見出せない可能性が高くなっています。量的研究と質的研究の区別などはあまり意味がなくなってきているかもしれません。**多様な研究のあり方が求められている**のです。その点から質的研究のアプローチはその多様性を受け入れられるので、多くの教育に携わる人に有効となります。

5.3 英語教育研究はより柔軟に多様に複合的になる

多くの英語教育研究が量的な研究に向かうことにより、それに対応しない研究の評価は低い傾向にあります。複雑な課題を抱える英語教育にとってはあまりよいことではありません。そこで、質的研究のアプローチはそのような状況を根拠にもとづいて解決する手法を提供できるのです。研究目的や手法を明確に示し、調査方法の根拠にもとづいてリサーチデザインを設定し、データを収集し分析し、結果を提示し考察する。質的研究の作法に則れば、より多くの英語教育の現場の問題に示唆を与える研究が可能になります。研究は「こうあらねばならない」という考えは捨てて、より柔軟な思考で考えましょう。研究のアプローチは多様であり統合的でかまいません。**重要なことは、丁寧に柔軟に論理的に考察し、そのプロセスを「見える化」すること**です。このような研究手法は、授業研究を丹念に積み重ねてきた日本の英語教育の伝統でもあります。

Summary

The aim of learning English in the Course of Study should be set based on English teachers' practice-based research. It needs to transform its way from scientific quantitative research to diverse qualitative research. English education research will be flexible, diverse and integrated.

考察：英語教育でどのような研究課題に興味がありますか

参考文献：東京文理科大学内・英語教育研究会（編）（1994）『英語の研究と教授』本の友社

6. CEFR の影響と質的研究

CEFR の英語教育への影響は大きい
CEFR（英語力）の 6 レベルの意味はふりかえりにある
評価測定に関する質的研究の理解が必要だ

6.1　CEFR の英語教育への影響は大きい

　CEFR[3] は、ヨーロッパ評議会が作成したヨーロッパの言語（教育）政策を示すガイドラインです。2001 年に公開され、6 レベルの言語力の指標を示し、自律学習を促進し、多言語多文化社会に対応するため**複言語主義**（plurilingualism）と**複文化主義**（pluriculturalism）を推進しています。現在、CEFR の影響はヨーロッパから世界に広がり、様々な地域での言語教育に大きな影響を与えています。CEFR はテストなどの利用で注目を集めていますが、言語を学ぶこと、教えること、測定することなど幅広く提言しています。内容は複雑で全体を理解している人はそれほど多くないかもしれません。言語技能尺度の検証や評価測定、自己評価や自律学習の推進、「母語＋2 言語」など言語の使用や学習、多文化理解の促進など、CEFR の影響を広げることはもちろんですが、**英語教育やバイリンガル教育を後押し**しています。CEFR の理念は、研究においてもかなりの影響があり、多様な変化をもたらし、質的研究の柔軟な適応が見直されるようになりました。

6.2　CEFR（英語力）の 6 レベルの意味はふりかえりにある

　CEFR の英語力の 6 レベルは、初級（基礎的な使用者：basic user）、中級（自立した使用者：independent user）、上級（熟達した使用者：proficient user）の 3 段階をさらに細かく分けて、A1, A2, B1, B2, C1, C2 と 6 段階で表わされます。このレベルは、ディスクリプター（descriptor）（〜ができるなど）として記述され、教師や生徒自身の判断の指標とされています。レベル判断には科学的な測定方法を工夫しようと努力しましたが、話す、書くという技能を

3　CEFR（ヨーロッパ言語共通参照枠）the Common European Framework of Reference for Languages の略

測定するには、結局人の判断に頼るという結論になっています。定性的な言語データの判断には人の認識がどうしても必要ということでしょう。ここで大切なことが質的研究の理解となります。CEFR6 レベルを「ふりかえり (reflection)」の指標として、指導の工夫、生徒の学習、教材や活動の選択、評価などを考えるのです。このような言語使用レベルの判断のプロセスは、質的研究の理解なくしてはうまく行きません。

6.3　評価測定に関する質的研究の理解が必要だ

　ヨーロッパでは、CEFR をもとに自律学習を促進するために、初等中等教育に ELP（Europe Language Portfolio）（ヨーロッパ言語ポートフォリオ）を導入しました。ELP は、言語パスポート（Language Passport）、言語履歴（Language Biography）、資料（Dossier）から構成され、一人ひとりの学習者が自身の言語力、言語学習履歴、それを示す証拠を管理し、学習成果をふりかえり・計画することを目標としています。ELP は、言語学習のための評価測定（assessment for language learning）として学習の質的な面を重視したものです。日本では、ELP のような学習の質的アプローチは定着していません。背景には、評価測定に関する質的研究の理解が足りていないという実態があります。質的研究は単に研究手法として理解するだけではなく、教師の授業力を高める意味でも重要になっています。CEFR のように言語力のレベルを示している尺度は他にも多くありますが、CEFR の特徴はそれだけではなく、言語（教育）政策を広く示していることにあります。いくつかの言語を意識して自律して学習し、質的に評価する考え方は価値があります。

Summary

The CEFR has influenced English education in Japan for the past 20 years or more. The CEFR is famous for the 6 language proficiency levels, but it should actually work as self-reflection. It is necessary for you to better understand qualitative research on assessment.

考察：CEFR についてどの程度知っていますか

参考文献：Council of Europe. (2020) Common European Framework of Reference for Languages: Learning, teaching, assessment – Companion volume.　www.coe.int/lang-cefr.

7. 英文学、英語学などの質的研究

英語教育関連の研究には多様性と包括性が必要だ
文学も言語学も英語教育研究には欠かせない
英語教育は言語学だけではなく多様な分野と関連する

7.1 英語教育関連の研究には多様性と包括性が必要だ

　英語教育研究は単に英語学習や授業の探究ではありません。大学の教職課程でも、英文学、英語学、外国語、コミュニケーション、国際理解、（異）文化間理解などを学び、多様な学科の学生が英語教師の免許を取得します。英語を教えることに特化した科目は英語科教育法と教育実習です。これらの科目が体系的に関連しているかどうかは定かではありません。英語教育は、SLA や応用言語学だけで成り立っているわけではなく、英語を教える人の背景はさらに多彩です。ネイティブスピーカーは、CELTA（Certificate in English Language Teaching to Adults）や TESOL（Teaching English to Speakers of Other Languages）の資格がなくても英語は教えられるのかと言えば、答えは明確ではないのです。**英語教育の専門性は、その背景も含めると多様性と包括性（inclusion）の中にある**と言えるでしょう。その点から多様な質的なアプローチの理解は、その英語教育研究の多様性と包括性の理解の必要性につながります。英語教育研究を画一的に考えるのは危険です。もっと自由で柔軟であってよいのです。

7.2 文学や言語学も英語教育研究には欠かせない

　授業は多様です。その研究も多面的なアプローチが必要です。それぞれの教師の専門性を活かした展開が教育の多様性を育みます。たとえば、英文学は、題材の扱いやテキストの背景、あるいは、言語や文化の背景、さらには、思考や創造、生き方や哲学などの工夫に役立つ可能性があります。また、教材内容や文化的な背景の扱いには、文学研究や文献学などの作法は役立ちます。言語学も当然ながら同様で、英語という言語の構造の理解に重要です。このような統合的な研究はより奨励されます。研究の基本は、研究の背景と目的を示し、研究方法を工夫し、結果と考察を述べる、ということです。し

かし、形式にこだわらず、探究する対象により研究方法は柔軟に考え工夫することが大切です。質的研究はそのような**多様な英語教育研究**には欠かせません。注意しなければいけないことは、先行研究や文献などにきちんと言及し、研究の趣旨、目的、方法などを明確にして、データを示し、データをもとに考察することです。論理構成がしっかりしていないと単なる個人的な感想でしかなくなります。

7.3　英語教育は言語学だけではなく多様な分野と関連する

　理論言語学や応用言語学などの言語学も英語教育研究では重要です。形態論（morphology）、統語論（syntax）、意味論（semantics）、語用論（pragmatics）、音声学（phonetics）、音韻論（phonology）などの研究では、学習者を対象に統計分析を利用した量的研究も質的研究も行います。言語学の観点は英語教師としての活動には重要なはずです。しかし、実態はどうでしょうか。教師として仕事を始めるとほぼ関係なくなってしまうのが現実のようです。また、英語教師の背景は多様です。文学、外国語、経済、社会、文化などを学習した人が英語教師となっています。現状の教職課程システムでは、各分野の背景を生かして教えられる環境が、英語教育において英語コミュニケーション能力を育成し人格形成の基礎を培うには有効です。教師の仕事の基本は学習指導です。その**学習指導を豊かにすること**が**研修**です。形骸化した研修内容とならないように、教師の関心に沿った研究をサポートすることが大切です。質的研究の理解は多様な英語教育の発展につながります。

Summary

English education research should have diversity and inclusion in academic disciplines. For instance, the disciplines of literature and linguistics are essential and effective to the research. It will contribute to the development for diverse integrated education.

考察：専攻した分野は何ですか。それを生かしていますか

参考文献：Stadler-Heer, S. (2019) Inclusion. *ELT Journal*, 73(2). 219–222. https://doi.org/10.1093/elt/ccz004

8. 言語文化多様性、バイリンガル教育、CLIL

英語教育は言語文化多様性と統合に向かう
質的研究は多様性と統合の成長マインドセットを促す
英語教育の改善に多様な分野と関連する CLIL は役立つ

8.1　英語教育は言語文化多様性と統合に向かう

　英語教育研究は多様性と包括性からさらに統合に向かっています。また、**言語文化多様性、バイリンガル教育、CLIL** (Content and Language Integrated Learning：内容と言語を統合した学習)[4] は、言語教育において世界的な流れともなり、SLA の科学的知見に支えられてきた英語教育研究もこの流れを無視できなくなっています。日本の学習指導要領は、教科を「外国語」として設定し、その上で英語のみを対象とした外国語政策に固執し、さらに、英語の形態や機能、発音、語彙などを指針として提供しています。「異文化理解」に関しては、「英語が使われている国や地域の歴史、社会、文化について基本的な内容」というしばりも設定しています。このような膠着した言語教育観は議論する必要があります。そのためにも、教師や教育に関わる人が、現場から発する、あるいは、現場に密着した多様な研究が望まれます。それには**現状を肌感覚で理解しようとする質的アプローチ**は最も適切です。

8.2　質的研究は多様性と統合の成長マインドセットを促す

　実際、言語文化多様性の状況で英語がよく使われています。そのことはある程度理解していても、教師は、学習指導要領や教科書や入試制度など

4　教科科目やテーマの内容 (content) の学習と外国語 (language) の学習を組み合わせた学習 (指導) の総称で、日本では、「クリル」あるいは「内容言語統合型学習」として呼ばれ定着しつつあります。また、主に英語を通して、何かのテーマや教科科目 (数学 (算数)、理科、社会、音楽、体育、家庭など) を学ぶ学習形態を CLIL と呼ぶ傾向があります。CLIL の主な特徴は、学習内容 (content) の理解に重きを置き、学習者の思考や学習スキル (cognition) に焦点を当て、学習者のコミュニケーション能力 (communication) の育成や、学習者の文化 (culture) あるいは相互文化 (interculture) の意識を高める点にあると言えます。(日本 CLIL 教育学会 (J-CLIL) ウェブより　https://www.j-clil.com/clil)

によって大きく指導を変更できません。結局、生徒は発音、語彙、文法の正確さに関する**固定マインドセット** (fixed mindset) を変更できません。しかし、教師も生徒も意味のやりとりに注目する英語の使用を重視する**成長マインドセット** (growth mindset) を持つことが重要です。たとえば、国連を中心に**文化間意識** (intercultural awareness) や**グローバル能力** (global competence) の育成が推進されています。このような傾向は知識の上では理解できますが、どのように指導するかは判断がつかないかもしれません。その際に、**質的研究は英語教育の柔軟な成長マインドセットを促します**。事実を記録し観察し、その結果データを分析し考察するという思考のプロセスこそが、信用・信頼に値する根拠となり、柔軟な思考へとつながります。

8.3 英語教育の改善に多様な分野と関連する CLIL は役立つ

小学校での英語の必修化や、英語コミュニケーション力の育成の強化にともない、CLIL が注目されるようになりました。「英語の授業は英語で」「受験指導や資格検定試験などに効果的な英語学習」など、現状の英語教育に CLIL は一石を投じています。CLIL は、「科目内容やテーマ・トピックを学びながら英語も学ぶ」というシンプルなコンセプトのもとで、統合的に学習を工夫しています。従来の英語教育と大きく違う点は、多様な学習の考え方を取り入れる学習にあります。この点が、従来の英語教師のマインドセットに刺激を与えました。特に、英語を自然に使うこと、英語と日本語を状況に応じて使うこと、**英語で意味を伝えることの重要性**など、学習者の動機づけに影響を与えている報告があります。CLIL の複雑な活動の解明には、量的研究に加え柔軟な質的研究の理解が求められているのです。

Summary

English education is now aiming for diversity and integration, such as language and cultural diversity, bilingual education, and CLIL. Qualitative research can help develop teachers' growth mindset. CLIL is especially effective for the development of English education.

考察：CLIL など新しい発想の学習についてどう考えますか

参考文献：J-CLIL（日本 CLIL 教育学会）活動状況　https://www.j-clil.com
AILA CLIL REN（CLIL 研究の世界ネットワーク）　http://clil-ren.org

9. 英語授業研究と学習指導要領

学習指導要領に沿った研究では十分ではない
英語授業研究は生徒の学習のつまずきなどの改善につながる
英語授業研究は検証の質的アプローチの場でもある

9.1　学習指導要領に沿った研究では十分ではない

　学習指導要領は、初等中等教育での英語教育研究の基本に位置づけられます。学習指導要領の外国語（英語）の目標は、実際のコミュニケーション力の育成です。しかし、実態はどうでしょうか。文部科学省は CEFR を参照して目安を示していますが、評価検証にまで言及していません。「英語教育実施状況調査」[5]（文部科学省, 2019）「英語学習に関する調査」[6]（ベネッセ教育総合研究所, 2014, 2015-2019）などでは英語学習実態が報告されています。これらの報告は、概要を理解する意味で貴重なデータですが、英語授業実践に役立つ本質的なミクロな問題は見ていません。その点から、英語授業をより深く探索する質的アプローチが必要です。**教師や生徒の本音や意欲やニーズは概要だけではわからないのです。**

9.2　英語授業研究は生徒の学習のつまずきなどの改善につながる

　学習指導要領は英語学習カリキュラムに関する量と質の目安を示しています。指針は示されていますが、到達度評価が示されず、評価については曖昧です。そのために、小中学校の義務教育を除くとどのように指導するかは明確ではありません。そのような曖昧な実態は顕在化されることはなかったのです。政策や学習指導要領が示している方針は、適切に現場に反映されない実態が高校段階では顕著になっています。授業研究は、学習指導要領が示す目標の成果を示すことも重要ですが、**英語授業実践上の多様な問題や生徒の**

---

5 文部科学省　令和元年度「英語教育実施状況調査」の結果について https://www.mext.go.jp/a_menu/kokusai/gaikokugo/1415043.htm

6 中高生の英語学習に関する実態調査(2014) https://berd.benesse.jp/global/research/detail1.php?id=4356

高1生の英語学習に関する調査 https://berd.benesse.jp/global/research/detail1.php?id=5467

学習のつまずきなどの改善につながる研究が必要です。実際、いくつかの課題が何十年も放置されている可能性があります。「英語の授業は基本的に英語で行うこととする」などと言われること自体が事の本質で、英語教育の課題を浮き彫りにしています。しかし、その背景には複雑な理由があります。その複雑な問題の探究には質的なアプローチが必要です。

9.3　英語授業研究は検証の質的アプローチの場でもある

　英語教師が英語を話さず、英語を使う活動をせず、和訳を教え、語句説明に終始し、文法練習問題に焦点を当て授業を行うのは、やはり問題です。学習指導要領を参照することは大切ですが、**実態にそぐわない内容は批判的に検証**する必要があります。そのために研究は必要で、教師にはその研究や検証に携わる役割があります。

　たとえば、2013 年に、学習到達目標設定として、各学校が CAN-DO リストを作成するという提言が文部科学省よりなされ、「～ができる」などと目標を明確化するようになりました。しかし、多くは利用に関する計画や実践で、本当に機能しているのか定かではありません。この検証には質的研究が重要です。もし質的な検証ができないとすると、**教師が CAN-DO リストの利用に意欲的にかかわっていない**ということになります。そうであれば、改善が必要です。形式的に利用しているとしたら意味がありません。検証は、日々の授業での利用状況で可能です。それこそ質的研究です。

Summary

Research cannot be enough so long as it just follows the Course of Study. English lesson study should contribute to the solution for student learning problems. Moreover, it is also a qualitative approach or method for assessment of the Course of Study.

考察：学習指導要領(外国語科)をどの程度理解していますか

参考文献：平成 29・30・31 年改訂学習指導要領 (本文、解説) https://www.mext.go.jp/
a_menu/shotou/new-cs/1384661.htm

10. ティーチャーリサーチ (TR) の意義

ティーチャーリサーチ(TR)は学びを支援する
TR は教師が実践の中で無理なく遂行できる
TR は教師自身の系統的意図的な探索だ

10.1　ティーチャーリサーチ (TR) は学びを支援する

　ティーチャーリサーチ (teacher research) (以下 TR) は「教師が行う研究」のことです。「教師研究」とすると、「教師を研究する」ということとなり、意味が違うので TR としました。また、実践研究が授業実践を主に扱うのに対して、TR の目的は，教師自身の成長とかかわり生徒の学びを支援することです。その意味は、英語教育に携わる教師は多様なアプローチの TR を実践できるということです。授業研究や資質向上のためには研究は当然必要です。TR は、仮説検証を目的とした量的な研究というよりは、探索的な質的な研究に重きを置き、多様で柔軟な実証研究であり哲学的省察的探求のことを意味しています。実践研究は授業実践の改善に目標を置いていますが、日本の英語教師の役割には、それだけでは済まない実態があります。初等中等教育では、教師は学校の教育集団の一員として教育に携わっている部分が大きく、教科指導に必ずしも特化していません。この点を考慮した TR の視点は重要です。TR は研究対象を幅広く考えています。

10.2　TR は教師が実践の中で無理なく遂行できる

　教育基本法第 1 条に「教育は、人格の完成をめざし」という文言があります。賛否はあるとしても、これが日本の教育の基本となります。TR を実践する意味は、学校の役割を前提に英語教育を理解し改善し学びを支援することと強く関連します。その意味から、質的研究の理解は欠かせません。TR は、アクションリサーチ (action research)、教師の省察 (teacher reflection)、省察的学習指導 (reflective teaching)、教師の問い (teacher inquiry) などとほぼ同様のコンセプトですが、人により定義は様々で微妙に違います。多様な言い方がされる背景には教師の職務の複雑性があります。その状況に適切に対応するために、TR は教師が実践の中で無理なく遂行できるリサーチと考え

ます。理論的背景に限定されることのない TR は、**利用可能な質的な問いや調査方法と相性がよい**[7] のです。　言い換えると、TR は教師自身の身近な課題をリサーチクエスチョンとして、扱いやすい質的アプローチを使い、気軽に探求できるリサーチということになります。

10.3　TR は教師自身の系統的意図的な探索だ

　さらに言うと、**TR は自分自身の探求**でもあります。教師の探究は、毎日の授業の内容や方法、教材研究、資質の向上、生徒理解など、ふりかえりの連続です。その日々の実践の積み重ねがなければ省察もなく発展性もないでしょう。その活動は質的な研究とほぼ重なります。課題は、TR が**教師自身の系統的意図的な探索**[8] となっているかどうかです。TR の特徴は、省察的、系統的、実践の場で、教師が主体となって（ときに協同で）、質的（＋量的）に、柔軟に、教師自身の理解を促進することも視野に入れた柔軟なアプローチということです。しかし、そうではあっても質的研究の特徴を生かして適切に探求する必要があります。仮説検証、データ収集分析、統計分析、厳密な量的研究とは相反することが多いでしょう。TR はこのように教師の実践研究に比較的に適したリサーチと考えられます。

Summary

Teacher research（TR）supports learning itself. TR can be conducted reasonably and comfortably through English language teaching practices. In addition, it is also the systematic and intentional exploration by teachers themselves.

考察：あなたにとっての現時点での TR のテーマはなんですか

参考文献：What is Teacher Research? https://www.mext.go.jp/a_menu/shotou/new-cs/1384661.htm

---

7　Teacher research is more commonly associated with qualitative forms of inquiry and investigative strategies which are accessible to teachers, though in theory there are no limitations on the strategies that teacher researchers can deploy (and quantitative techniques are sometimes used). - Borg, S (2013). *Teacher Research in Language Teaching: A Critical Analysis. Cambridge*: Cambridge University Press. 9-10.

8　Teacher research is the systematic, intentional inquiry by teachers into their own school and classroom work. Cochran-Smith, M., & Lytle, S. (1993). *Inside/Outside Teacher Research and Knowledge*. New York: Teachers College Press, Columbia University. 5.

11. ティーチャーリサーチ (TR) の評価と魅力

TR は信用・信頼に値するリフレクシヴィティを考慮する
評価検証を工夫することが質的研究の魅力だ
研究手法を英語で学ぶことは英語教師の力量形成となる

11.1 TR は信用・信頼に値するリフレクシヴィティを考慮する

　量的研究で常に言及される信頼性（reliability）と妥当性（validity）の課題は重要です。質的研究では量的研究とは異なる方法をとっています。その際の検証方法の基本は、教師の丹念な事実の記述と思考です。このプロセスは教師にとって実践の力にもなります。その点から、質的研究では知りたいことがきちんと把握できているかという妥当性を重視し、TR においては、「**信用・信頼に値すること (trustworthiness)**」という考え方を大切にします。誰もが納得する現象の提示とその記述の分析のプロセスを明瞭に示し、**リフレクシヴィティ (reflexivity)**（事実を多角的に何度も考察すること）を考慮しながら、可能な限り対象となる現象を見つめ、事実となるデータをていねいに誰もがわかるように積み重ね、思考し、記述する。しかし、結論づける必要はなく、一般化する必要もありません。TR を追求することは、教師にとってのリフレクシヴィティの理解にも役立ちます。

11.2 評価検証を工夫することが質的研究の魅力だ

　3（p.9）でも述べましたが、TR には、「信用・信頼に値すること（trustworthiness）」に加えて、いくつか評価検証の観点があります。評価検証は様々で、どのように評価検証するかはそれぞれ工夫が必要です。3 で示した観点を再度提示しておきましょう。

・ 事実やデータにもとづいて信用できる (credibility)
・ 得られた結果や考えが他にも転移可能 (transferability)
・ 得られた結果や考えが再現可能 (dependability)
・ 得られた結果や考えが他でも確認可能 (confirmability)

　このような評価検証をどのように工夫するかが、質的研究の魅力でもあり

価値となります。TR は教師が気軽に実践の中で進める研究として適切な選択肢のひとつです。

11.3　研究手法を英語で学ぶことは英語教師の力量形成となる

　質的研究を実践するには多くの方法がありますが、ある程度確立したアプローチがいくつかあります。そのような代表的な研究は Part II で詳しく解説しますが、次のような研究手法を TR に取り入れることも効果的です。しかし、どれかひとつのアプローチにこだわる必要はありません。組み合わせることも可能です。また、プロセスは多少融通できます。このような代表的な**研究手法を英語で学ぶことは、英語教師の力量形成**にも役立ちます。詳しくは、Part II を参照してください。

現象学(phenomenology) ― 人の認識がつくる現象をありのままに記述する
エスノグラフィー (ethnography) ― 対象とかかわりながら記述する
アクションリサーチ(action research) ― 教師と研究者が実践を探る
会話分析(conversational analysis) ― やりとりを記述する
グラウンデッド・セオリー(grounded theory) ― データをもとに一般化する
ナラティブ(narrative) ― 対象の語りから意味を見出す
事例研究(case study) ― 対象の事例を丹念に明らかにする
談話分析(discourse analysis) ― まとまりのある言葉の働きを見る
ライフヒストリー(life history) ― 対象を系統的な視点で記述する

Summary

TR always considers reflexivity to ensure trustworthiness. Qualitative research will turn to be attractive if you find better assessment methods. Learning qualitative approaches in English can help teachers develop their professional knowledge and skills.

考察：TR でどのような研究手法を使ってみたいですか

参考文献：*Guidance Note on Qualitative Research in Education: Considerations for Best Practice.* https://www.edu-links.org/sites/default/files/media/file/Guidance%20Note%20on%20Qualitative%20Research%20final2020.pdf

12. 質的研究は考え方が大切

質的研究はパラダイムの理解から始まる
存在論と認識論の違いにより実践も研究も変わる
質的研究を特徴づける基本要素を理解する

12.1 質的研究はパラダイムの理解から始まる

　質的研究は量的研究と同じ考え方ではうまくいきません。量的研究は、対象は観察測定可能なものという立場をとり客観性や反復可能性を重視します。方法として仮説検証が主です。それに対して、質的研究は、対象は人により社会的に多様に構成されるという立場をとり、複雑と考えます。主観を重視し現象の解釈に力点を置きます。そのために、実際の研究手法は様々で、研究デザインを明確にすることがむずかしくなり敬遠される傾向にあります。しかし、研究の考え方をある程度明確にすれば、英語教育実践に役立つことは間違いありません。ポイントは、次の4つの**パラダイム**（paradigm）**（哲学的な指針となる物事の見方）を理解**することです。リサーチの際に、量的研究か質的研究かと迷うときは、まず、哲学的に自分にしっくりくる考え方はどれが適切かから始めるとよいでしょう。

存在論（ontology）	現実や現象をどう理解しているか
認識論（epistemology）	知識をどう認識し理解しているか
価値論（axiology）	何に価値を置くか
方法論（methodology）	どのようなリサーチ方法をとるか

12.2 存在論と認識論の違いにより実践も研究も変わる

　存在論と認識論は特に大切です。乱暴ですが、あえて一言で言うと、量的研究では、物事には本質があり（存在論）、それは客観的に観察可能（認識論）としています。それに対して、質的研究では、人も物事も相対的で文脈で変わり、**現実は多様で正解はひとつではない**という考え方（存在論）です。また、知識は人の主観的な経験によって形成されるという認識を前提にして、**人が意味をつくる**という考え方（認識論）にもとづきます。**この存在論と認識論の違いにより、量的か質的のどちらのアプローチにするかを決めます。**質

的研究ではこの考え方をまず明確にデザインすることが大切です。TR の節
で示したとおり、英語を教えながら研究する上では、価値論や方法論も考慮
する質的研究は教師の成長に意義があります。

12.3　質的研究を特徴づける基本要素を理解する

このような指針のもとで質的研究は実施されます。その際に**質的研究を特
徴づける基本要素**について触れておきましょう。以下にまとめたものがその
基本要素となります。

・　対象を限定しないフィールドワークと自然な関与
・　データの記述や分析の工夫
・　リサーチの複雑さやそれぞれの文脈を柔軟に考慮
・　調査者もリサーチの主体的な関与者として機能
・　ていねいなリサーチプロセスや関係性を重視
・　調査対象者に対する正直で真摯な態度
・　意味と意味づけに丹念にかかわる探求
・　対象やデータに帰納的に向き合うプロセス

質的研究は多様です。このような特徴にしばられる必要はないのですが、
それらを理解し、指針とすることが質的研究の基本です。**質的研究は複雑で
すが、逆にそれが面白味**でもあるのです。このような研究のプロセスを実践
することは、多くのことに転用可能な力量となります。

Summary

Qualitative research will start by following its basic philosophical guideline. Teaching practice and doing research can change due to the views of ontology and epistemology. It is essential to understand the basic components characterizing qualitative research.

考察：英語教育実践と研究にどのような考え方をしていますか

参考文献：UK Essays. (2018) *Significance of Epistemology and Ontology in Education Research.* https://www.ukessays.com/essays/education/significance-of-epistemology-and-ontology-in-education-research.php

13. リフレクティブ・ティーチングの必要性

リフレクションの機会は教員養成に重要だ
リフレクティブ・ティーチングは教師の力量形成となる
質的研究はリフレクションと密接に関連する

13.1 リフレクションの機会は教員養成に重要だ

　質的研究は教員養成に役立ちます。大学における教職課程は 2019 年度より新しくなり、外国語（英語）に関するコアカリキュラムとしコミュニケーション能力の育成を重視した養成課程としたはずです。英語科教育法と英語科目のより一層の連携を図ることを意図しました。しかし、実態はどうでしょうか。教師の仕事の多忙化、職場環境の複雑化など、教師はあまり魅力のない職業となりつつあります。また、教職課程は、教科指導の研究や経験についてはこれまでとあまり変わりがなく、実質的に十分な時間をとっていません。多くの場合、**英語を教えることや学ぶことに関するリフレクション (reflection) の機会をほとんどとっていない**のです。質的研究の視点はこの点において有効です。授業観察、模擬授業、教材研究の際に質的研究の手法は欠かせないでしょう。そこでリフレクションの機会を設ければ、教育実習にも実際に教師となった際にも役立ちます。

13.2 リフレクティブ・ティーチングは教師の力量形成となる

　教職課程の外国語コアカリキュラムの視点には、リフレクティブ・ティーチングの観点や質的研究の視点が欠落しているようです。極端な言い方をすると、学習指導要領の理解に終始し、知識と技能を「身につけさせる」という姿勢が顕著です。教職大学院においても研究が目的ではなく、「変化や諸課題に対応しうる高度な専門性と豊かな人間性・社会性を備えた力量ある教員」[9] を育成するとあり、教科指導の専門性は軽視されています。教師が修士の資格を取得することは様々な意味で重要だと考えられますが、教職大学院以外は評価されないのが現状のようです。たとえば、海外の大学院での

9　文部科学省参照 https://www.mext.go.jp/a_menu/koutou/kyoushoku/kyoushoku.htm

学習は奨励されず、専修免許状も取得できないのです。背景には学問として
の研究が軽視されている印象があります。しかしながら、**リフレクティブ・
ティーチングは、教師自身の実践を継続的にふりかえること**です。それは、
教師の力量形成にも有効に機能するので、奨励される必要があります。

13.3　質的研究はリフレクションと密接に関連する

　質的研究はリフレクションと密接に関連します。質的研究は、教師の経験
や主観がはじめの一歩です。量的研究でも発端はそうですが、研究自体は客
観を優先します。質的研究はあくまで主観が大切で研究の全般にわたって探
索的に思考することが求められます。このプロセスは教えることや学ぶこと
に深くかかわり、授業の意思決定やリフレクションと結びついています。そ
の意味から、養成段階から研究方法を視野に入れて英語教育を思考すること
は重要です。**ふりかえりと研究が結びつく質的研究実践**を積み重ねること
で、教えることや学ぶことの意味を自律的に理解する術を知ることができる
ようになるからです。それは、教師となって教育活動を営むようになると、
授業実践と研究をより根拠を持って思考するのに役立ちます。このような省
察的な授業研究はその後の**持続的な資質向上に寄与する**のです。

　英語教育研究では、特に英語という言語の知識と技能との関わりが他の教
科とは異なる課題です。要するに、英語の学習者という意味からリフレク
ションが重要な意味を持ちます。その経験が教師となり英語を指導する際に
大きく役立ちます。さらには、英語や他の言語学習、または、社会、文学、
文化など、英語を通して学ぶ実践は、常にリフレクションと重なります。質
的研究の実践もひとつのリフレクションとなるのです。

Summary

More opportunities for reflection can improve teacher professional development. Teachers
are encouraged to have reflective teaching. Qualitative research is closely related to
reflective practices.

考察：どのようなリフレクションをしていますか

参考文献：*Getting started with Reflective Practice* https://www.cambridge-community.org.uk/
professional-development/gswrp/index.html

14. 量的研究と質的研究の柔軟な扱いと「見える化」

リサーチ方法は柔軟に考える
量的研究と質的研究の特徴を理解する
質的研究は「見える化」に対応する

14.1 リサーチ方法は柔軟に考える

　量的研究と質的研究を明確に区別するよりは**補完し合うリサーチ方法**と考えることが大切です。特に教育分野では双方の特徴を取り入れた**ミックスト・メソッド・リサーチ (MMR)** が注目されています。それだけではなく、リサーチ方法はさらに多様になっています。探究すべき対象となる課題がより複雑化しているからです。ある意味で自然で適切と考えられます。リサーチで大切なことは、実践や研究で明らかにしたいこと(目的・目標)を、どのように(方法)したら適切に達成できるか(結果)を考えること(考察)です。リサーチ方法の基本自体は変わることはありません。その扱いは柔軟に対応することを心がけましょう。

14.2 量的研究と質的研究の特徴を理解する

　量的研究と質的研究を明確に区別することはむずかしい面がありますが、その大まかな特徴を理解することは重要です。次の表を見てください。

	量的研究	質的研究
視点	検査測定、客観、再現性	文脈、複雑性、主観性
プロセス	仮説検証方法 仮説に焦点 綿密に構造化	現象や考えを探索 理論や仮説を構築 緩やかな構造化
検証	厳密な方法を適用	柔軟にくり返す
対象	多数必要	少数で十分
分析	変化を測定 原因結果を予測 データの数値化	変化を記述 関連を記述し説明 個々の経験の記述
質問形式	選択肢から回答選択	自由に回答
結果提示	数量、グラフ、表など 数値、統計分析を利用	テキストで記述 まとめ、解釈など
データ	選択、実験、事実観察	面接、観察、語り

研究手法	一貫・厳密・統計分析 客観データを見る	柔軟・多様・複雑 調査者がデータを見る
利点	多くの情報 比較検証・変数間の関係 一般化・数値化・段階化 ガイドフイン提示	詳しい情報 物事の深い理解 個別の話や情報 言葉の情報 未知の発見
欠点	未知の現象は認知困難 統制群が必要	一般化困難 統計による客観化困難 特徴間関係の判断が困難

リサーチ方法の選択はどのようなデータを利用するかによります。また、数値、履歴、言葉、文字、画像、動画、実験結果、観察記録などのデータの記録と分析と解釈をどのように扱うかで、方法も決まってきます。特に**質的研究では、リサーチプロセス全般の信用性と透明性の工夫が必要**となります。それは、量的研究の「見える化」とは質の異なる「見える化」です。

14.3 質的研究は「見える化」に対応する

研究は**「見える化」にどう対応するか**が課題です。量的研究は「見える化」が進んでいますが、狭い視野となっている可能性があります。それに対して、質的研究や MMR は広く深く「見える化」する工夫を目指します。質的データの量的処理と加工、質的データと量的データの融合、AI の活用など、より複合的なリサーチ方法が模索されます。その結果、ますます**調査者や教師の関与と実践と思考が重要**になります。客観性の追求から主観性やリフレクシヴィティの工夫まで、「見える化」を考えましょう。

Summary

You need to think flexibly about what types of research methods to take into consideration. It is therefore important to understand the characteristics of quantitative and qualitative research. Especially qualitative approaches can contribute to the 'visibility' of research.

考察：リサーチにとって「見える化」をどう理解しますか

参考文献：*5 steps to improving your research visibility* https://authorservices.taylorandfrancis. com/5-steps-to-improving-your-research-visibility/

15. 英語教育における「こころ」の哲学的探究

質的研究と PDCA サイクルには「こころ」が大切だ
質的研究は教師や生徒の「こころ」の研究だ
質的研究は教師や生徒の「こころ」を変える

15.1 　質的研究と PDCA サイクルには「こころ」が大切だ

　英語教育研究を考える上で大切なことのひとつは、**教師の資質向上**にあります。それは質的研究と密接にかかわります。その点で、TR は重要であり、教師と研究者の協同は欠かせません。また、研究を実践する上では、**PDCAサイクル (Plan-Do-Check (Study) -Act)** は基本です。しかし、そのような形式的なことだけではリサーチは成立しません。単なるリサーチのためのリサーチでは意味がありません。教師あるいは調査者の**「こころ」が必要**です。

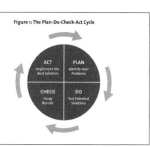

● Plan（問題の認識・分析・解決・予想）

● Do（可能な解決を模索）

● Check/Study（活動の適正を判断）

● Act（実際に実行）

Figure 1: The Plan-Do-Check-Act Cycle

15.2 　質的研究は教師や生徒の「こころ」の研究だ

　英語教育研究は哲学の探究でもあります。また、「教えること」や「学ぶこと」は、「考えること」でもあり「他者と対話すること」でもあります。さらに、「教えること」には学習者を相手に複雑な意思決定が必要です。哲学の分野は、**形而上学 (metaphysics)（存在論 (ontology)）、認識論 (epistemology)、価値論 (axiology)、論理 (logic)** などを含み複雑ですが、研究には欠かせない概念です。哲学的探究というとむずかしい印象がありますが、教師としては、くだけて言えば、**「生徒のことを考え工夫をすること」**です。深く考え工夫することで授業が活性化され、生徒の学習意欲が高まれば、ほぼ目標は達成されます。研究も実践も結局は哲学であり知的探求です。特に質的研究

はそれに大いに役立ちます。「英語教育を科学する」とよく言われます。しかし、量的研究だけが科学ではありません。質的研究が育む意志決定をする「こころ」と学習者の気持ちにつながる「こころ」が必要です。**質的研究は教師や生徒の「こころ」の研究**でもあります。

15.3　質的研究は教師や生徒の「こころ」を変える

　英語教育の発展には哲学的な探究は欠かせません。これまで日本の英語教育は批判され続けてきました。政策はそれを適宜利用しながら、JET プログラム、小学校英語教育の導入、大学の国際化と英語授業の推進、『英語が使える日本人』の育成、IB ディプロマプログラムなど、形式的な改善を図ってきました。しかし、**英語教師の地道なアイディア**とは少し違います。表面的な形式は変わっても、実質は大きく変わらない状態が続いています。原因の一端は、教師自身が変わらない(変われない)ことにあります。質的研究の推進は、**教師や生徒の「こころ」を変える**ことに貢献します。そのような哲学的探求は現状の英語教育には最も必要な視点です。

　本書を読んで、マインドセットを変えて、ぜひ質的研究を気楽に楽しみながら早速始めてください。質的研究のメリットは、単にリサーチをして課題を解決することではありません。それだけではなく、自身の「こころ」の探究につながります。教師が自身の「こころ」を探求することは、必ず生徒の「こころ」にも影響を与えるのです。

Summary

When doing qualitative research and the PDCA cycle, you always need to embrace 'kokoro' to help change learning and teaching English. That is because qualitative research is related to the study of 'kokoro,' and it will change the 'kokoro' of teachers and students.

考察：英語教育実践であなたの「こころ」はどこにありますか

参考文献：*ESL Philosophy of Teaching Statement: What Is It & Why Does It Matter?*
　　https://bridge.edu/tefl/blog/esl-philosophy-teaching-statement/

Part II　質的研究リサーチ方法

笹島茂、末森咲、守屋亮

　Part I では質的研究の背景と英語教育について述べました。Part II では、**質的研究のリサーチ方法についての考え方の基本**を説明します。英語教育における質的研究を実践する意味で、背景やリサーチ方法の基本を理解することは重要と考えるからです。量的研究と同様、背景の理解は欠かせません。また、量的研究と較べて**質的研究は方法論において多様**です。さらには、研究に向かう教師や研究者の主観性が重要となるために、どうしても基本的な理解を確認しておく必要があります。その基本さえ理解していれば、その後の質的研究は、単に研究だけではなく様々な実践に応用が効く有用な武器となるはずです。その点を念頭に Part II を読んで考えてください。

　英語教育においても質的研究の論文はここ数年で多くなりました。特にミックスト・メソッド・リサーチ（MMR）が増えているのが目立ちます。しかし、研究を実施しようと考える人にはどうしてもまだ敷居が高いようです。理由は、やはり方法が多様で複雑だという背景にあります。先行研究を読んで**単に手法だけを真似してもうまく行かないことが多い**のはふつうです。質的研究は、調査をする人が深く思考する必要があるからです。さらには、日本の英語教育の分野ではいまだに質的研究の理解者が少ないという現実があり、残念なことに助言する人もあまり多くいません。

　本書は、質的研究のマニュアル本でありません。ここで紹介する質的研究のリサーチ方法の基本をもとに、自分自身で考える必要があります。量的研究のように、リサーチ方法にある程度の型があり、それに沿って実験や統計的な検証を加え、数値という結果が示され、考察を加えるという手順と違い、調査者自身の思考を反映する必要があります。言い方を換えると、手法はあっても、その手法を使ったからと言って、結果が自動的に出てくることはないのです。「それでは質的研究はやめた！」とするのは間違いです。**結果が自動的に生まれてこないからこそおもしろい**と考えてください。現実の英語教育の実践はそういうことです。この指導法を使ったら必ず英語ができ

るようになると言えるでしょうか。もしそうであれば、英語教育に教師も必要ないし研究も意味がありません。

　質的研究は、「人」と関連した研究です。その意味において対象を「モノ」として扱うことはできません。手法も結果に関しても責任を負う必要があります。動物実験のように考えることはできませんから、倫理的にはハードルが高いと言ってよいでしょう。英語教育にかかわる教師も研究者も、まず人としてあるいは教育者として無責任であることは致命的です。しかし、常に品行方正で聖職者という意味ではありません。主たる対象となる学習者を同等と見るということです。場合によっては、学習者も研究にかかわるということも必要かもしれません。

　ここで紹介するリサーチ方法はごく一部であり、基本的な考え方です。質的研究のリサーチ方法は、人類が始まってからずっと営んできた学習の中にすでに多くのヒントがあります。また、小学生の頃から携わってきた「調べ物学習」の中にも多くのヒントがあります。数値にして示すか、経験の共有で示すか、観察の積み重ねで示すか、話や行動を記録し、データを収集することで何をどのように示すかなど多様な手法があります。量的研究も質的研究も元は同じです。「私」が探究することが大切で、その後に手法があり、分析があり、考察があります。その次にもうひとつ大切なことがあります。自分が調べたことをどう他者に上手に伝えるかです。ここが、質的研究で特に大切でありむずかしいことでもあり、考えなければいけないことです。

　どのように伝えるかは論理的な思考の問題です。明確に相手に伝えることばと手法の問題でもあります。そのリサーチ手法には、やはりある程度守らなければならない作法があります。英語教育の研究であれば日本語だけでは伝えることばとしては不完全です。他の多くの分野と同様、英語で伝えることが必要となります。質的研究は、この点で量的研究よりはむずかしいのです。ことばの工夫が必要で、よりわかりやすく英語で伝えられるように、多くの文献に触れることが大切となり、また、英語教育に関連する教育全般について、英語で共有できるように、教師も研究者も、英語で議論できる場面に参加しておくようにしなければなりません。Part II を読むにあたって、そのようなことも考慮に入れて考えてください。

16. 質的研究の基本的理解と意義

　最近は「質的研究」を冠した書籍や発表が英語教育の分野でも多く見られるようになりました。研究自体は多くの分野でそれぞれの作法があり、なんとなくむずかしく近づきにくい気がします。「研究にはあまり興味がない」という人もいますが、英語教育に携わる限り研究は欠かせません。**質的研究はその意味で実践に興味のある教師や研究者が取り組みやすい研究**です。質的研究とは何かを定義することは容易なことではありませんが、決してむずかしい作法ではありません。量的研究との対比で質的研究を考える際に、データや分析手法に留まらず、方法論における多様性や主観性が特徴とされます。これは「何でもあり」を意味するものではありません。質的研究として体系化されている以上、一定の枠組内での多様性が担保されていると考えることが肝要です。まずは基本を理解しましょう。

16.1　質的研究はことばなどの形式でデータを分析する

　多様で定義がむずかしい質的研究ですが、ここでは、Levitt et al.（2018）の質的研究の定義で考えてみましょう。やや抽象的な表現ですが、多様な質的研究を尊重しつつも、緩やかな枠組として落とし込んだのはわかりやすく納得できるでしょう。質的研究に触れて日が浅い人には、今やっていることがそもそも質的研究なのか混乱してしまうかもしれませんが、そのような場合は質的研究とは何かという定義をまず確認しましょう。質的研究を実践するにはていねいに定義を踏まえた上で、**まずは自らの研究に自信を持つことが大切**です。研究方法を理解するだけでは十分とは言えません。

　The term qualitative research is used to describe a set of approaches that analyze data in the form of natural language (i.e., words) and expressions of experiences (e.g., social interactions and artistic presentations)（Levitt et al. 2018: 27）.（質的研究という用語は、自然言語（つまり、ことば）や経験の表現手段（社会的なやりとりや芸術表現など）の形でデータを分析するアプローチを表わすのに使われる）（訳は筆者による）

16.2 質的研究の特徴はあいまいなものに対する寛容さにある

英語教育における質的研究は、パラダイム(哲学的な指針となる物事の見方)論争を背景として、研究の歴史的な必然として広まってきたとも言えるでしょう。これまで、英語教育が指導の効果を検証するといった量的研究との相性がよかったのは事実です。しかし、ある指導方法の量的検証の結果が良好だったからといって、どのような教師がどう教えるかにより、あるいは、学習者の心理的側面、環境的な背景などにより、事情が変わってしまいます。生徒のことを考え、教師が効果的な指導法を追い求めるのは当然ですが、その効果が眼の前にいる生徒に適切な指導方法かどうかは、様々な条件に左右されるため慎重になる必要があります。このような**量的研究が積み重ねてきた「効果」に疑義を呈するような形で普及してきたのが質的研究**です。量的研究と質的研究は大きく異なるパラダイムから構成されます。無藤他(2004)は**質的研究へのシフト**を次のようにまとめています。

- 客観主義の基盤となる「素朴実在論」への懐疑
- 観察者と観察対象の相互作用や社会的相互行為の重視
- 社会・文化・歴史的文脈を抜きに抽象的に仮定されてきた「普遍性」と「グランド・セオリー」への懐疑
- 人が生きる世界の多元性と多様性、変化プロセスの重視
- 意味やナラティブの重視

量的研究では、学習者の属性などを測定可能な数値情報に変換し、同質化した先の傾向などを統計的に調査します。しかし、これでは学習者個人が抱える背景や認識などを反映するには限界があります。そこで英語教育でも**ポスト構造主義**(poststructuralism)**以降の考え**が注目されるようになりました。デカルトに代表される近代合理主義以降の考えのことで、二項対立的な判断ではなく、一種の「割り切れなさ」を許容し、**あいまいなものに対する寛容を優先**するのです。個人同士の社会的相互作用(social interaction)やモノとの文化的相互作用(cultural interaction)を通してどのように人が変化し、**自らの成長に意味づけを行っているかを質的研究は重視**します。

17. 量的研究と質的研究の目的と意義

研究にはそれぞれ目的があり、それに合わせた意義があります。量的でも質的でもそれにかなった目的と意義で選択される必要があります。その際には、研究に対する見方や捉え方としてのパラダイムにもとづいて実践することが基本となります。量的研究と質的研究の特徴は Part I で指摘してありますが、ここではその目的と意義を理解しましょう。

17.1 質的研究はポスト構造主義に影響を受けている

研究を実践する上でパラダイムを考慮することは重要です。実証主義（positivism）というパラダイムにもとづく量的研究は、それとは**異なる（社会）構成主義（(social) constructivism）などの影響**を受けた質的研究とは、研究対象や方法が大きく違います。質的研究は、特に**ポスト構造主義から影響**を受けています。応用言語学でもある英語教育も当然影響を受けています。シンプルに言うと、構造主義（structuralism）が社会や文化を構造として客観的にとらえ分析しようとしたのに対して、ポスト構造主義のアプローチはその批判と言えます。それを、単純に科学的客観的な量的アプローチを否定していると考えるのは適切ではありません。

17.2 量的研究は客観的科学的な手続と検証にある

英語授業である工夫をするとしましょう。学習指導案を作成し、教材を準備し、ある活動をします。そして、その効果を検証することを計画します。その際に、仮説を立て検証する方法を考えます。厳密さを要求する場合は、実験群と統制群を作り、事前と事後にテストを実施し、評価となる数値データを収集します。より科学的に分析するために統計分析として t 検定などを使います。帰無仮説を棄却するために有意差を検定するわけです。有意水準5%で有意差ありとなり、その工夫は効果があったと結論づけます。

量的研究の目的と意義は、このような**客観的あるいは科学的と言われる手続きと検証**にあります。量的研究のメリットは、数値や尺度など明確なデータ、統計分析による平均、分散、偏差などデータのまとめを提示できることです。しかし、現実の学習活動の一部の測定可能な数値などを評価・検定す

ることしかできません。そのような特性を生かして、**より客観的に英語授業や英語学習を理解し課題を解決し、根拠にもとづく**（evidence-based）**指導の工夫**を検討することが量的研究です。

17.3　質的研究は「腑に落ちる」ことを提案する

　その批判として質的研究手法は発展してきました。質的研究の目的と意義は、シンプルに言えば、数値では表せないデータを解釈して理解することです。また、量的研究ではノイズとして排除されてきたデータを扱うことで、**より「腑に落ちる」結果や考えを提案する**ことです。英語教育における質的研究の目的は、学習者を中心とする教育環境の具体的な活動を扱い、説明を加え、数値ではなく言葉や図表などで具体的な理解を図ろうとすることです。量的研究が多量のデータを扱うのに比して、質的研究では少数のデータでも丹念に扱い、現実の多様な要因を考慮する努力をします。しかし、質的データには、アンケート、インタビュー、観察など、個人情報にかかわる内容が多く注意しなければいけません。人の言葉や営みをていねいに収集することで、社会文化的な背景も含め現実の教育活動の意味を解釈することは、当然意義があり、意味のあることです。

17.4　質的研究は学習者の変容を見る

　たとえば、「**A と B の差を見たいので量的研究**」「**学習者の変容を見たいので質的研究**」などという積極的理由で選択することが大切です。適切なアプローチを選択するために研究のメリットを知る必要があります。目的や意義とともに、扱うデータの性質にしたがって双方を補完的に選択しましょう。それには、次の Creswell（2014）の 3 つの観点（哲学的スタンス、研究デザイン、研究手法）が参考になります。

	量的研究	質的研究
哲学的スタンス	実証主義（positivism） ポスト実証主義（postpositivism） 測定可能なデータへ変換	ポスト実証主義 ポスト構造主義以降
研究デザイン	実証実験、大規模アンケートなど	特定の事象や事例、ナラティブ、エスノグラフィーなど
研究手法	数値化、定性的データを定量化し統計分析、仮説検証など	インタビュー、語り、アンケートデータなどを仮説生成、データ解釈

18. MMR の基本的理解と意義

18.1　MMR は量と質を組み合わせる

　MMR の歴史はまだ浅く現在進行中です。研究手法として認識されるようになったのは 1980 年代で、量的研究に対する批判として質的研究が注目されるようになった頃とほぼ同じくらいの時期です。MMR は**量的研究の厳密さから質的研究の多様で柔軟なアプローチへのシフト**にともなって生まれました。当初から多様なアプローチがありましたが、共通していることは量的研究と質的研究を組み合わせるということです。その組み合わせの工夫には特に決まったやり方はありませんが、2007 年に *The Journal of MMR* が創刊し、次第に MMR が理解され定着してきました。英語教育でも多くの書籍や論文が出版されるようになり、いくつかの定型はできています。

　MMR はすでに少し触れましたが、量的研究と質的研究の両者の強みを生かした方法で、多くのリサーチで使われるようになってきています。課題はどのように組み合わせるかです。量的研究と質的研究を単に組み合わせるだけではあまり意味がないので、「**1 + 1 = 3」となるようにする**ことが MMR には求められます。量的研究と質的研究のメリットを生かすことは当然ですが、MMR の基本は量的研究の補完として質的研究の要素を取り入れることに始まりますが、それだけではなく、組み合わせる意義を理解し、また、リサーチの目的に合わせて工夫することが大切です。

18.2　MMR に 3 つのタイプがある

　MMR は、量的研究と質的研究と明確に仕分けするよりも、連続性の中に位置すると考え、次のような図で表されます。研究する対象や目的により **MMR の構成は柔軟に変化**するイメージで考えましょう。

大まかに分類すると**折衷型**(eclectic)、**原理にもとづく折衷型**(principled eclectic)、**刷新型**(innovative)の 3 つのタイプに分けられます(Riazi 2017)。折衷型は、量的研究と質的研究をゆるやかに組み合わせるタイプで、それに対して、原理にもとづく折衷型は MMR の原理にある程度忠実に組み合わせるタイプで、刷新型はそのような折衷型にとらわれないタイプになります。しかし、この分類にしばられる必要はありません。MMR はかなり自由度が高いと考えたほうが得策です。どのような MMR を選ぶかは、やはりリサーチの内容や目的や対象によります。量的研究は経験がなくても比較的取り組みやすい場合が多いので、まず量的研究を行い、それに質的研究を組み合わせるようにすると、MMR は理解しやすいかもしれません。

18.3　MMR は量的研究と質的研究の狭間で自然に生まれた

　MMR の研究デザインは必ずしも定型があるわけではありませんが、参考として次の表のように **MMR の基本デザイン**をまとめることもできます。

MMR デザイン	説明
収斂並列 (convergent parallel)	量的データと質的データを同時に収集するが、分析はそれぞれ別に行います。その後それぞれの結果を比較し、結果を導きます。
説明的順次 (explanatory sequential)	量的データをまず収集し分析し、次に質的データを収集し分析する。このデザインでは、質的データは量的データの結果を説明補足する。
探索的順次 (exploratory sequential)	質的データをまず収集し分析し、次に量的データを収集し分析する。このデザインでは、量的データが質的データ結果を確認し検証する。
埋め込み(embedded)	量的データと質的データは同時に大掛かりに収集し分析される。このデザインでは、一方が他方の二次的なデータとして使われる。

アンケート調査などを実施する際によく使われる手法で、数値的に処理できる項目と記述的な項目を一緒に問う形式を考えるとわかりやすいでしょう。また、アンケート調査をした後に、特定の対象者にインタビューなどをするという形式もあります。このように **MMR は量的研究と質的研究の狭間で自然に生まれたリサーチ方法**と考えられます。

19. 実践的リサーチデザイン―概要

　これまで量的研究、質的研究、MMR のそれぞれの特徴について簡単に見てきましたが、ここからは実際にどのように実践的に研究を組み立てていけばよいかを具体的に考えていきましょう。

19.1　研究テーマの具体化は視点、視野、視座から始める

　英語教育の実践では研究は欠かせないのですが、英語教育の研究でも実践は必要です。どんなに優れた研究デザインや研究手法などに習熟していたとしても、英語教育のどのような課題に興味を持ち、何を知りたいかという肝心な中身が欠けていては何も始まりません。まずはそれぞれの教育実践や経験の中で、**知りたいことや探求したいことを研究テーマとして具体化していくことが大切**です。

　そのテーマは、これまでの生徒としての学びの経験、教師としての授業の経験、本などで学んだこと感じたことなど、些細な疑問やふと抱いた直感のようなものをメモしておく習慣を身につけましょう。日誌でも雑記帳でもTwitter のようなものでもよいと思います。後で目に触れることができるようにしておくことが大切です。

　どのようなことが研究テーマになるかうまく見つけられない人は、英語教育関連の雑誌、本、論文などを具体的に読んでみることを勧めます。英語でも日本語でもインターネット上で閲覧できます。一方、英語教育の課題で興味はある程度定まっているものの特定のテーマが見つからない人は、次の3つの観点から考えてみるとテーマが具体化するのに役立ちます。

- 視点：どこを見るか（興味の対象）
- 視野：どこまで見るか（興味の範囲）
- 視座：どこから見るか（自分の立ち位置）

たとえば、大学生が授業課題として「英語授業活動のやりとり（interaction）」について考える場合、次のような観点を設定すると自分の興味の対象、範囲、立ち位置が明確になります。

- 視点：やりとりが英語学習に与える影響（授業活動の理解）

- **視野**：授業中と授業外での生徒と生徒や生徒と教師のやりとり（学校体験などで授業観察方法の理解）
- **視座**：やりとりに見られる言語的特徴（言語学的立場）や心理的影響（心理学的立場）（自分が学んでいる分野との関連）

19.2　問いの立て方が研究の方向性に大きく影響する

　研究テーマが決まれば問いを立てる必要があります。問いは大きく量的か質的かに分かれます。たとえば、右の写真を見てください。まず、視点、視野、視座の観点から見ます。次に量的、質的に問いを立てます。たとえば、「このポスターによって手洗いの水がどの程度節約されるか」「このポスターで語彙学習にどのような効果があるか」「このポスターからSDGsを英語で学ぶ意欲に結びつけるにはどうしたらよいか」など。これらの問いは、量的から質的までの視点、視野、視座を含んでいます。

　次の例は、フィンランドの英語の授業の場面です。どのような問いが思いつきますか。「教室環境は日本とどう違うか」「授業活動はどうなっているか」「英語のやりとりはどのようになっているか」など。話し合ってみると様々な問いが生まれます。

　ここで大切なのは、**問いの立て方が**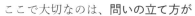**研究の方向性に大きく影響する**ということです。英語教育という分野でも考え方はかなり違い、どのようにリサーチするかは携わる人によります。また、リサーチ方法、結果の扱い、考察の仕方など、量的研究であっても質的研究であっても、問いの立て方がリサーチをする人の主観に左右されるのは避けようがありません。授業実践を基盤としてリサーチデザインの問いは重要です。英語授業に直接関係しなくても、視点、視野、視座からまず観察し、しっかりと問いを立てましょう。

20. 実践的リサーチデザイン―質的研究

　それでは、実践に即して質的研究のリサーチデザインについて考えてみましょう。Part I でも言及しましたが、質的研究は、英語教師や英語教育にかかわる人に有効です。ただし、質的研究のリサーチデザインは多様でむずかしいと感じる人が多いようです。ここでは、質的研究の始めの一歩を理解しましょう。

20.1　リサーチデザインとして一本の筋を通す

　食事に例えると、量的研究をコース料理、質的研究をアラカルトあるいはバイキングのようなものだと言う人がいます。量的研究は、ある程度方法が決まっているコースメニューの中から選び、順番に従います。一方、質的研究は、選択肢や組み合わせも豊富で何を選ぶかは自由です。しかし、考えなしに目についたものばかり選んでいると、後からふりかえったときに栄養バランスの偏りや色味が不揃いになってしまっているかもしれません。それを避けるためには、下調べをして、あらかじめどのように食事するかをきちんと考えておく必要があります。食事にも一本の筋を通すことが重要になってきます。言い方を換えると、まず、**リサーチデザインをきちんと考えておくこと**です。

　質的研究のリサーチデザインは、テーマを具体化し問いを立てる際に、まず十分に思考することが大切です。それは、存在論、認識論、価値論、方法論など研究のパラダイムと深く関係します（Part I. 12, 15 参照）。また、質的研究には、教師や学習者の「こころ」にかかわる哲学的探求としての**一貫性が必要**です。英語教育の現実や現象をどう理解し、英語や英語教育の知識をどう認識し、何に価値を置いて、どのようなリサーチ方法で探究するのかを、まずデザインすることがリサーチ成功のコツです。だからと言って、厳密に考えて堅苦しくなる必要はありません。大切なことは、**パラダイムの一貫性**です。形式の一貫性ではありません。

20.2　リサーチデザインは実践のチャートであり記録となる

　研究の問いは、英語教育実践にかかわる研究のテーマと目的と密接に関係

します。質的アプローチをうまく実践するためには、適切な問いを立て、適切な目的を設定し、**リサーチデザインを明確にする必要**があります。そのために研究のパラダイムを確認しておくことが大切です。パラダイムは作文するのではなく、自分自身が実践や研究に対して何を大事にしているかを確認することです。これは Part I で少し触れたリフレクシヴィティとも関係します。リフレクシヴィティは後で詳しく説明しますが、英語教育を実践しながらリサーチデザインの工夫を重ねることで自身の成長に役立つはずです。大切なことは、それらを**研究ノートとして記述**しておくことです。質的研究の一つの大きな特徴は、実践しながら丹念に物事を観察し、ていねいに思考することです。そのための記録としての記述は重要です。

　具体的に次の事例で考えてみましょう。

研究課題：
中学校の英語授業で音読活動について工夫をしている。シャドーイングなども取り入れているが、今ひとつうまくいかない。生徒の学習活動を観察したり、生徒から意見を聞いたりして、音読活動を改善したいと考えた。どのような生徒への聞き取りがよいか。また、どのような準備をしてリサーチデザインをしたらよいか。

準備：
授業活動の観察：どのような視点で（観点を決めて）観察するか？／参与観察か研究者として観察か？／録音や録画をするか？／評価をどうするか？
生徒への聞き取り：何人？／誰を？／質問項目は？／時間は？／一人一人かグループか？／録音か録画か？／文字起こしをするか？
授業活動他：何をどう録画するか？／生徒による活動のふりかえりコメントをどうするか？／一人で行うか？研究者も交えて行うか？／授業での音読活動の先行研究はどのように進めるか？など

この「音読の工夫」という事例のリサーチデザインはどのようにしたらよいでしょうか。視点、視野、視座は適切か、教えることやリサーチをすることに対するパラダイムは明確かなど、このような点をチャートや記録で表し、確認しながら目的を明確にして、より明確な問いを立て続けるようにすることがまず第一歩です。大切なことは、研究のための研究ではなく実践のための研究を心がけることです。対象は、この事例では生徒の学習です。その先に英語学習活動としての音読指導の工夫への探究があります。そのことを忘れないようにしてリサーチデザインをしましょう。

21. 実践的リサーチデザイン — MMR

　ここでは MMR のリサーチデザインを質的研究の視点から考えましょう。すでに述べたとおり、量的研究と質的研究はパラダイムが異なります。その中間にある MMR は、成り立ちから考えると、**質的なアプローチの中で MMR を考える**ほうが理にかなっています。質的研究は量的研究よりも柔軟に考えるからで、また、教育という実践領域を考慮すると質的アプローチは欠かせないからです。

21.1　MMR は多様に柔軟にマクロとミクロを見る

　実際、MMR は質的研究の理解が広まるにともない合理的なアプローチとして多くの研究者が興味を示すようになりました。しかし、MMR はミックスするという簡易的な部分に目が向き、「1 + 1 = 3」となる思考が軽視される傾向も見えてきました。たとえば、アンケートをして数値の部分を統計分析して記述部分を添えるといった便宜的な研究など、データをミックスするだけの研究も散見されます。それだけでは MMR のメリットは活かしきれないかもしれません。**MMR の強みは、複雑な英語教育の現場を、多様に柔軟にマクロとミクロを見る**ことができるということです。

　このような複雑なリサーチデザインを支援するツールとして看護研究の分野で亀井（2021）が示した m-STAR 21 の提案は参考になります。提案は、1）MMR の根拠、2）MMR のデザイン、3）データの収集と分析、4）データの統合、5）結果の記述、6）考察の記述をマニュアル化したものです。安易にこのようなツールに頼るだけでは、MMR を行う意味がありませんが、このような**ツールは指針として利用する**には価値があります。MMR の強みを生かすためには、まずは根拠をきちんと考えることです。教育の実践の現場を観察し生徒の声を聞くという作業は、データは限られるので量的なアプローチではできません。それに対して、より多くのデータを利用するには量的調査が必要です。ミクロとマクロを見ることができればより実態は把握できます。しかし、現実的には、両方を同時に調査することは相当にむずかしいので、量的に質的に何を調査するかを計画し統合する部分をどのように考えるかを、**実現可能な範囲で工夫する**ことが大切です。どの研究でもそうですが、

その意味で、MMRで研究を行う際もリサーチデザインは重要です。

21.2　MMRではデータの位置づけをしっかりと考える

　それでは、実際にMMRでどのようなリサーチデザインをしたらよいか
を、説明的順次デザインをもとに、データ収集、分析、統合の観点から考え
てみましょう。たとえば、**リッカート尺度 (Likert scale)**（4〜7件の尺度で
回答）のアンケートを作成し生徒に聞きます（「〜の活動に満足しましたか？」
―「非常に満足した〜まったく満足しなかった」など）。その後、一部の生
徒に**半構造化インタビュー**をします。アンケートで量的データを収集し、統
計分析（相関係数、回帰分析など）をする。その後、「〜の活動について何に
どのように満足して、何を不満に思ったか」という要因を詳しく聞き取りし
て、質的データを収集し分析する。この「〜活動」に関するデータを比較検
討し、特徴を抽出する。たとえば、「〜活動」がどの程度満足するのか、ど
のような点に満足するのかなど、満足の要因を特定し考察する。質的なデー
タの解釈の信用・信頼に値する検証方法をリフレクシヴィティの面から評価
する。この一連のリサーチプロセスの**デザインをあらかじめ検討すること
は重要**です。このプロセスをどのようにするかは、収斂並列、探索的順次、
埋め込みなどの他のMMRのデザインなどと比較して検討する必要がありま
す。

　また、アンケートやインタビューの際の倫理的な問題、事前の予備調査
（pilot study）、アンケートやインタビュー調査対象者の選定、データの保存
とデータ化、個人情報の保護など、様々な課題もMMRのデザインとともに
事前に把握しておく必要があります。もちろん、リサーチの途中で変更せざ
るをえない場合があります。そのようなことも想定して柔軟に対応できるよ
うにリサーチデザインを考えておくことも大切です。さらには、基礎調査な
どのデータの個別情報（年齢など）がどの程度必要なのか、データ数はどの程
度に想定するかなども、十分に検討しておく必要があります。

　このように**MMRは量と質の両面のデータを扱える**ので、教師が実践的に
利用するには適した方法と言えます。また、実践的に研究をデザインする意
味でも多様なデータの工夫の可能性があります。

22. 質的研究の視点とパラダイム

研究にはパラダイムが重要ということは、すでに何度も指摘しました。ここでは、質的研究の観点から、パラダイムについてもう少し詳しく理解しておきましょう。理由は、質的研究には**「哲学的な指針となる物事の見方」**であるパラダイム(paradigm)が基本となるからです。

22.1 質的研究はパラダイムから始まる

存在論(ontology)、認識論(epistemology)、価値論(axiology)、方法論(methodology)というと、哲学的にはかなり難解な議論となりますが、12、15、20で触れたように、リサーチデザインを考える上ではこの基本を理解していることが大切です。つまり、存在論は「物事はどう存在しているか」、認識論は「物事はどう認識されるか」を議論することです。価値論は「何に価値を置くか」、方法論は「どのような方法をとるか」ということと関連します。ここでは、このようなパラダイムを質的研究の枠組で考えます。

実証主義(positivism)にもとづく量的研究に較べて、**質的研究はパラダイムが多様**です。ここではすべては説明できませんが、英語教育の実践研究の文脈では次のように考えるとわかりやすいでしょう。英語教育の実践は多様で正解は1つではないという考え方(存在論)にもとづいて質的研究をリサーチデザインします。その際に、英語授業研究の何に価値を置き(価値論)、研究する際には、英語授業の意味を研究する人自身が認識する(認識論)ということを指針として、リサーチの方法を選択します(方法論)。整理すると右のような図で表せます。

このように、**教師自身が英語教育の実践と研究のパラダイムを考える**ことは、質的研究を実践する大きな意義となります。Part I でも述べているように、単に研究のための研究をするのではなく、それは教師自身の力量形成と授業実践の糧に必ずなります。

22.2　質的研究は多様なパラダイムを柔軟に理解する

具体例でパラダイムについてさらに詳しく考えましょう。理解を深めるために、SLA（second language acquisition）（第二言語習得）の研究で有名な Stephen Krashen の5つの仮説の1つ、**インプット仮説**（the input hypothesis）と、**社会文化理論**（sociocultural theory）で有名な Lev Vygotsky の ZPD（最近接発達領域）（zone of proximal development）を具体的に比較します。

Krashen のインプット仮説は、「i+1」（comprehensible input）と言われ、学習者が理解していることより少しむずかしい学習内容を与えると、学習に最も効果的という考え方のことです。それに対して、ZPD は、学習者が少しむずかしい学習をしている際に、なんらかのちょっとした支援や足場や梯子などを与える（scaffolding）と、発達や学習が進むという考え方です。この2つは、一見するとほぼ同じ考え方です。しかし、2つの考えは、学問的背景や哲学が異なっています。つまり、パラダイムが異なります。第二言語習得の研究は、実証主義を基本としています。社会文化理論は、社会構成主義（social constructivism）に分類され、ポスト構造主義（poststructuralism）と考えてよいでしょう。言い方を換えると、**量的研究と質的研究は、パラダイムにおいてもともと大きく異なる哲学**から生まれたものです。

しかし、双方とも英語教育の実践の中ではかなり浸透してきている考えであり、パラダイムだけで区別するのは問題です。役立ちそうなアイディアは教育では取り入れるべきでしょう。その際に、「i+1」は、英語という言語のコミュニケーション能力を前提とした発想ですから、言語の構造（語彙、文法、発音など）と機能（読む、聞く、書く、話すなど）など言語を主として、予想ができる可能性のある言語使用を探求することに焦点を当てます。ZPD は、学習発達という心理学的な領域から発想されているので、言語だけではなく教育活動という視点から探求します。質的研究のパラダイムはこのような分野の異なる研究課題を包含できる可能性があります。しかし、そのためには、哲学的な指針となる物事の見方や考え方を広く理解し、**教師自身が英語教育実践や研究に対する多様で柔軟なパラダイムを持っていること**が、リサーチデザインに大きく影響することになります。

23. 質的研究の視点と存在論・認識論

　存在論(ontology)と認識論(epistemology)は哲学において深く議論されてきた重要な考え方です。英語教育を実践し研究する上ではそれほど深く考える必要はありませんが、多くの分野で考え方の基本として有意義です。ここでは少し詳しく理解しておきましょう。

23.1　質的研究の存在論は正解をひとつとしない

　存在論は**オントロジー**とカタカナ語でも使われることがあります。シンプルに言うと、「存在(ある)とはどういうことか?」という哲学ですが、日本語で様々な訳語が使われてきました。情報科学などでは、オントロジーとして、対象世界をどう捉えるかを記述する概念や情報のつながりの意味を明確化し定義する仕組みとして使われています。コンピュータでは量的に明示化する必要があるということでしょう。本書では、存在論を、本質は存在するという量的研究の見方と、**現実は多様で正解はひとつではないという質的研究の見方**と、説明しています。英語教育を実践していると、生徒一人ひとりはそれぞれ個性があり、学習の好みもスタイルも違うし、理解の度合いも異なるということは自明のことだと感じます。コミュニケーション活動が好きな生徒もいれば、コツコツと単語をおぼえ、文法の仕組みを考えることが好きな生徒もいるということも実感します。教師もそうであり、誰かの真似をして教えようとしてもそれほどうまくいきません。

　コンピュータの世界では、オントロジーは人のデータをAI(人工知能)に読み込ませる仕組み(仕様)として使われるようになっています。英語教育でも、このようなオントロジーという仕組みを授業や学習という場に照らしてみるのもおもしろいでしょう。**現実は多様で正解はひとつではないという質的研究における存在論の見方**は、教育に対する柔軟な姿勢を後押しします。英語教育における質的研究を実践する上で、存在論の理解は、これまでの英語教育の伝統、たとえば、文法訳読、音声重視、コミュニケーション重視など、言語学や文学、科学的という量的データ重視の思考を検討する際に重要です。存在論という哲学的思考をすべて理解する必要はありませんが、頭の隅において思考することは必要です。

23.2 質的研究における認識論は「人が意味をつくる」

　質的研究における認識論は、本書では、「知識は人の主観的な経験によって形成されるという認識を前提にして、**人が意味をつくる**」としています。現実世界の存立をどのように認識しているかを扱う哲学で、「知の理論（the theory of knowledge）」と説明されることもあります。ギリシャ語のepistēmē（知）に由来し、「知る（知識）とはどういう仕組みになっているのか」「どこからそれは来ているのか」などを問う哲学です。「知は理性に由来するのか、それとも、経験に由来するのか」という問いも重要です。さらに、認識論においては、科学的な知は客観的に観察可能と考えます。それに対して、哲学的な知は主観的で観察は不可能と考えます。重要な問いには、たとえば、「人はどうやって物事を正しく知るか」「ある知が正しいかどうかどうやって確かめられるか」「人が知り得ない領域があるとすれば、どのように存在するのか」などがあります。このように**存在論と認識論は、認識される対象と認識する対象の関係**にあり、密接にからみ合います。

　英語教育での主たる実践や研究の対象は、学習者であり生徒です。また、教師と生徒、学習や授業、さらには、その周辺の環境となる指導法や教材などです。さらに、人を対象とするので、意識や情緒などの認識は、動機づけや自律学習などの研究に質的なアプローチの適用を優先する傾向にあります。その点から、質的研究では認識論をきちんと考えておく必要があります。理由は、教師や研究者の主観やその知識や経験が研究に大きく左右するからです。なおかつ、データの収集、分析、解釈の判断が偏る可能性があり、信用・信頼に値することが担保される必要があります。そのためには、認識論に論拠し、リフレクシヴィティに留意することが重要になります。

　認識論は哲学の歴史の中では、存在論の批判として登場してきました。双方とも様々な分野で哲学的な意味で重要な基本的思考の枠組として機能しています。存在論はギリシャ哲学に遡り哲学の主流をなしていますが、カントによる認識論以来、多くの哲学者が複雑に議論してきました。すべてを理解するのはそう簡単ではありませんが、質的研究で迷ったら存在論と認識論に立ち返って考えてみましょう。**哲学は重要**です。

24. 質的研究の視点と価値論・方法論

　哲学の視点は私たちの生活全般に必要なことで、英語教育にも重要です。存在論や認識論は、特に研究には大切なことですが、その他にも、哲学には目的論（teleology）、価値論（axiology）、方法論（methodology）など、様々な議論があります。本書はそのような哲学を深く議論する場ではなく、英語教育の質的研究についての理解を深める場です。興味がある人は、ぜひ深く哲学を学んでください。質的研究は特に哲学的な探究と深くかかわるので、価値論と方法論についてここでは考えておきます。

24.1　価値論は質的研究の意味に影響を与える

　価値論は、目的、価値、評価などと関係する考え方です。何にどのような基準で価値を置き、判断や評価をするかは、研究のアプローチの選択に大きくかかわります。客観的に数量として明確に見えるデータに価値を置く場合は、当然量的研究にシフトするでしょう。数量としては見えない人の意識や思考を測る場合には、量的と質的データの両方に価値を置き、見えないデータを「見える化」するために質的アプローチにシフトするでしょう。これを判断するのは教師であり研究者です。**価値観は人によって違うので、バイアスがかかる**のです。そのためにデータ収集、分析、解釈などは、そのバイアスを可能な限り少なくするために、様々な工夫が必要となってきます。

　価値論は目的論と強く関連します。物事を目的と手段に分けて説明しようとする考え方で、何に価値を置くかによって、目的も手段も決まってくる傾向にあるからです。学習指導要領では、外国語（英語）教育の目標を、「外国語を通じて，言語や文化に対する理解を深め，積極的にコミュニケーションを図ろうとする態度の育成を図り，聞くこと，話すこと，読むこと，書くことなどのコミュニケーション能力の基礎を養う」としています。しかし、現実には、英語学習の価値や目的は大学受験対策におかれることが多いです。また、実際に英語が使えるかどうかにもかかわります。このような現実は、教育の実践や研究にも影響しないわけにはいきません。価値論は、このような現実的な環境により、存在論や認識論に影響を与える思考の要因となります。英語教育の質的研究においても、**量的研究ではなく質的研究をすること**

の意義をどこに見出しているかを考えることは大切です。

24.2　方法論は質的研究を方向づける重要な指針となる

　方法論は、**哲学においては真理や知を理解するための方法**を考えることです。カタカナ語でメソドロジーと言及されることも多くなっています。「方法」を表す場合に、「～式」というように特定の方法（方式や型）を表す「メソッド（method）」とよく混同されるからです。それに対して、メソドロジーはメソッドも含んだ広い方法論のことです。自然科学の方法論が量的研究を軸にして発展してきましたが、社会科学や人文科学の領域ではそれとは異なる論理を中心に方法論を展開してきています。質的研究はそのような方法論に準拠しながら、方法論を発展させています。数学などの論理を重視し、時間、空間、質量など科学的アプローチを追求した量的研究でも、人間にかかわる探究が中心となる質的研究でも、方法論は研究を遂行する意味で柱となり、特に**質的研究を方向づける重要な指針**を示すことになります。

　英語教育における質的研究は、英語学習や授業実践は複雑で多様で正解はひとつではないという考え方（存在論）にもとづきます。また、教師や研究者は、実践や研究の何に価値を置いているか（価値論）、その意味を自身がどう認識しているか（認識論）を指針として、リサーチメソドロジーを選択します（方法論）。質的研究をリサーチデザインする際は、このようなパラダイムをまず検討することが大切です。質的研究だけではなく、量的研究も含めて、すべての実践や研究においては、**方法論は形式面で重要**です。

　方法論に関する具体的な質的研究方法はこの後詳しく説明しますが、質的研究の方法論に関しては、結局「どうやって（how）」ということに尽きます。目的に対する信用・信頼に値する結果をどうやって系統的に確認するかということです。リサーチの方法論の具体化については、次のようにデータの収集と分析をどうするかにかかっています。

---

1. どのデータを収集（What data to collect or ignore）
2. だれからデータを収集（サンプリング）（Who to collect the data from）
3. どうやって収集（How to collect the data）
4. どう分析（How to analyze the data）

25. 質的研究における方法論補足

　英語教育での実践や研究は、その知見を多くの人と共有できるように、日本語だけではなく英語でまとめることも大切です。**方法論は、そのような成果を公表する際の作法に重要な役割**をします。特に質的研究では「どうやって（how）」という点で丁寧な方法論を示す必要があります。このように実践や研究の成果を「どうやって（how）」伝えるかということは、リサーチデザインとも深く関係するので、ここではその基本的な理解を補足しておきます。特に、質的研究を英語で書くことから考えてみましょう。

25.1　質的研究における方法論は論文の書式（APA）を参考にする

　日本語で論文を発表する際に各雑誌が指定する書式があるように、英語で論文を書く際にも定形の書式があります。英語教育でよく使われる書式は、**アメリカ心理学会（American Psychological Association: APA）のマニュアル**（https://apastyle.apa.org）です。詳細は省略しますが、英語で成果を発表する際には、APA の書式をぜひ参照してください。量的研究とは研究のパラダイムもリサーチデザインも異なる質的研究は、方法論的にも工夫が必要です。それも英語で書くとなると、形式がある程度確立している量的研究よりはむずかしい部分があります。

　方法論については、Part I の 11 で触れたように質的研究の「信用・信頼に値すること（trustworthiness）」は、量的研究の信頼性（reliability）（対象学習者に同様の指導をして同様の成果が得られるか）と妥当性（validity）（対象学習者の学習内容が意図した目的に合っているかどうか）に代わる役割をすると、本書は考えています。しかし、質的研究と量的研究のパラダイムが異なるために、量的研究の方法論では、質的研究の評価はいまだにまちまちです。APA では、**量的研究、質的研究、MMR の研究論文のスタンダード**（Journal Article Reporting Standards: JARS）（https://apastyle.apa.org/jars）を示しています。特に、**質的研究のスタンダード（JARS-Qual）**（https://apastyle.apa.org/jars/qualitative）には詳細に質的研究論文の構成について書かれています。もちろんすべてそれに準拠する必要はないのですが、質的研究を実践するにあたり大いに参考になります。このスタンダードは、英語で研究をまと

める際だけではなく、日本語でも一読しておく必要があるでしょう。

25.2　質的研究には方法論上の誠実さが必要となる

　質的研究のスタンダードの中で、分析する際に留意すべき「**方法論上の誠実さ（methodological integrity）**」という点は、「信用・信頼に値すること（trustworthiness）」とほぼ同じ意味と考えて差し支えないでしょう。方法論上の誠実さに関しては明確にスタンダードを示すことは困難ですが、かなり具体的に注意点が記されています。たとえば、「分析にもとづく主張が担保され成果を生み出していることを表す」「分析のプロセスに一貫性を示す」「主張に対する支持が補足されている」など。量的研究は、ふつう客観的なデータ収集と統計処理による分析を拠り所とした構成として、研究背景・目的（Introduction）、研究方法（Methods）、研究結果（Results）、そして（and）、考察（Discussion）からなる **IMRaD 形式**に従います。しかし、質的研究の方法論はまだそこまで定着していません。理由は、これまで見てきたとおり複雑で多様な状況を探求しようとしているからです。その点から、方法論上の誠実さはひとつの拠り所となる可能性があります。また、英語教育において、教師も研究者も、これをひとつの指針として活用することは、実践的な英語力を向上し、**教育者としての力量を高めること**に有効です。

　質的研究の方法論に関連する方法論上の誠実さは、具体的には、**リサーチの真実性（fidelity）と有用性（utility）**と言われます。そのためには、多様なデータ、方法、分析、理論、調査者、対象者を組み合わせる**トライアンギュレーション（triangulation）**、**リフレクシヴィティ**、**ポジショナリティ（positionality）**（教師や研究者の立ち位置）などの工夫を通じて、信用・信頼に値することを担保する必要があります。この一連の工夫を、正直に、ていねいに、適切に、実用的に、わかりやすく、実践し、結果をまとめることが、質的研究の方法論として大切な考え方となります。

　このように、質的研究は、存在論、認識論、価値論、方法論を中心とした哲学的なパラダイムのもとに、探究することが求められます。これらの一連のプロセスを規定する方法論の理解は、英語教師としての実践にも必要であり、役立つことです。

26. 質的研究における「信用・信頼に値すること」の意味

　量的研究においては、統計分析による数値で信頼性と妥当性を明確に表すことができますが、質的研究ではそうはいきません。方法論上の誠実さは、質的研究における方法論的な信頼性であり妥当性です。もうひとつの考えが「信用・信頼に値すること」ということになります。

26.1　質的研究では信用・信頼に値することの規準と意味を考える

　英語の形容詞 trustworthy は、「that you can rely on to be good, honest, sincere, etc.」(Oxford Learners' dictionaries) と定義され、類義語は reliable です。本書では「信用・信頼に値する」という日本語をこれにあてています。この観点を質的研究において重視し、この用語を使います。**自然主義的探求 (naturalistic inquiry) の観点**から、Lincoln and Guba (1985) がこの用語を提案し、その意図を説明しています。それが、Part I の 3、11 で示した 4 つの規準(criteria)です。その規準を満たす具体的な方法を、英語教育の場合に当てはめて考えると、次のような説明で信用・信頼に値することの意味が理解できるでしょう。これを、方法論上の誠実さと組み合わせてリサーチデザインを図示すると、次の図のようになります。

　信用・信頼に値するためには、方法論上の誠実さのもとに具体的なリサーチとしてデザインしなければ意味がありません。質的研究では、リサーチデ

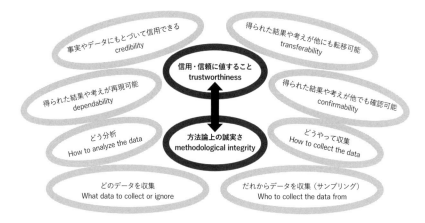

ザインする段階で、データ収集、分析、そして検証方法とその評価を、準備の段階から始めて、実施中も実施後も、ていねいに信用・信頼に値するように、方法論上の誠実さをともなって考える必要があるのです。

26.2　質的研究の信用・信頼に値することの規準を具体的に理解する

　4つの規準を具体的に考えてみましょう。たとえば、英語授業にCLILの要素を部分的に取り入れ、SDGsの内容を学ぶ工夫を展開し、その成果を生徒のふりかえりと観察などで評価しようとリサーチデザインします。

1. **事実やデータにもとづいて信用できる**(credibility)…英語授業でSDGsの内容を学ぶにあたり、SDGsの文化、背景、活動を英語と日本語で理解するのに十分な時間をとり、継続して学習を観察しながら、CLILの多様な方法・文献をもとに批判的な考えを組み合わせ、生徒や同僚との関係性を築き理解を図り、CLILの実践や研究を通じて互いの改善を意図して、信用を得ながら**事実の記録を丹念にデータとして示す**工夫をする。

2. **得られた結果や考えが他にも転移可能**(transferability)…量的研究で抽出したサンプルが母集団を代表するかどうかという外的妥当性(external validity)に当たる「**厚い記述**(thick description)」を、SDGsを学ぶCLIL実践に適用する。授業実践は複雑だが、正確に十分な事実とデータを詳細に説明し、結果や考えが転移可能なほどに納得できるように、授業活動内容を背景も含めて詳しく記述する。

3. **得られた結果や考えが再現可能**(dependability)…英語授業実践や研究の結果、解釈、結論などが、具体的なCLILにもとづくSDGsの学習データを支持しているかどうかを確認するために、第三者の教師や研究者による、そのプロセスと成果を検証する**外部監査**(external audits)を行う。

4. **得られた結果や考えが他でも確認可能**(confirmability)…英語授業実践の外部監査の正確さや適切さを確認するために、さらに多様な方法や外部の人などによって、CLILアプローチがどのように作用し、SDGsの学習や英語学習にどのような影響を与えたかを確認する。また、リフレクシヴィティの観点から、教師や研究者の立ち位置、ビリーフ、バイアス、思い込みなどを考慮して自己を開示し、他者の視点も実践や研究に入り込めるようにして、**透明性**(transparency)を高める。

27. 質的研究における質、知識、理論化、一般化

信用・信頼に値することと方法論上の誠実さは、量的研究の信頼性と妥当性に匹敵する質的研究のパラダイムの具現化とも言えます。一般に、量的研究は、直接観察可能なデータである数値を扱うのに対して、質的研究は、それに対峙し、**直接観察不可能なデータである数値に表せない対象**を扱います。つまり、データの質が異なり、得られる知識が違い、いわゆる量的研究による**理論化、一般化を求めない**のです。

27.1 実証研究も多様で柔軟な面がある

実証主義と実証研究はときどき混同されます。実証主義としての量的研究では、実証研究がよく使われてきたので誤解されることがあります。しかし、質的研究でも実証研究は当然あります。日本語で「実証」と同じ用語で訳されているのが誤解の発端のようです。**実証主義 (positivism) は、知識は客観的に観察可能なデータによって得られるとする立場**のことです。それに対して**実証研究 (empirical research) は、直接観察可能なデータや経験をもとに知識を得る研究**のことです。必ずしも、客観的な数値のみを観察可能とするわけではありません。

質的研究における実証研究も多様で柔軟です。が、一般的に、質的研究では、**数値ではないデータ (non-numerical data)** を扱います。英語教育では、対象は学習や指導であり学習者や生徒です。さらには、これまでの量的研究では見落としていたことを主に批判的対象とします。データ収集においても自由 (非構造化) や半構造化など、サンプルも少なく探索的に、観察、面接、フォーカスグループ、事例、記録などで調査し、結果も記述で表すことがふつうです。応用言語学の領域では、MMR がこの実証研究とは相性がよい場合が多く、多くの研究が実践されるようになっています。

27.2 質的研究の「質」も実証研究には欠かせない

質的研究は、言うまでもなく量ではなく「質」を求めます。Part I でも述べたとおり、質的研究は「質」の異なる根拠を実践の中に求める必要があります。本書では、英語教育実践に根ざした「質」を探求することを推奨して

います。その意味で実証研究はひとつの柱となります。

　単に量的や数値的に表しにくい人間の意志や感情などを「質」と言っても
よいでしょう。言い方を換えると、実際に教室で生徒を目の前に英語授業を
している人は、直感的に「質」の重要さがわかるでしょう。たとえば、発音
の指導をしていて、/r/ の発音がどうしてもうまくできない生徒がいたとし
ます。舌の位置や動かし方がどうしてもうまくいきません。/r/ の音を何度
も聞いて練習して、/r/ と /l/ の違いを説明し、語句や文でも何度も練習し
ます。しかし、それでもできません。どうしたらよいでしょうか。おそらく
実証研究の視点は間違いなく必要ですが、根本的に、なぜ正確な発音が必要
なのかという根本的なことを考える必要もあるでしょう。この探求には、**質
的研究は大切な視点**です。「～すれば、～になるだろう」という仮説検証で
はうまくいかない可能性が高いので、「質」を意識した実証研究は必要です。

27.3　質的研究でも理論化や一般化は考慮すべき

　理論化や一般化は自然科学分野の量的研究では一般的なことですが、質的
研究では必ずしもそうではありません。しかし、**質的研究でも、理論化や一
般化が可能であれば考慮すべき**です。たとえば、ある教材を多くの学習者が
好むとすると、何らかの要因の可能性があります。その要因は何かを探索的
に、学習者の学習を観察し、聞き取り調査をして、多くの事例を集めて検証
し、教材が優れている要因を分析することは大切です。それに、量的なデー
タを添えて、ていねいに記述し、信用・信頼に値する方法と結果と考察を提
示することは価値があります。質的研究でも**グラウンデッド・セオリーは一
般化を目的**とするように、ある程度の法則や理論などを提案することも可能
です。その際にも、信用・信頼に値する手続きによる一般化が重要です。量
的研究だけに根ざす必要はありません。たとえば、理論にもとづく一般化、
事例にもとづく一般化など、自然科学の分野における統計分析などを重視す
る一般化とは異なる視点が必要です。

　自分自身の英語教育の目的に鑑みて理論化や一般化は必要です。量的研
究、質的研究、MMR など、さらには、異なる思考で**理論化や一般化を柔軟
に考えるように取り組むことは大切**です。

28. 英語教育の実践や研究のポジショナリティ

　英語教育という分野は、主に応用言語学や教育学と接していますが、考えてみると多様で複雑です。教師や研究者という立ち位置、ポジショナリティ (positionality) によって見ている世界が違ってきます。本書では、ティーチャーリサーチャーという視点を提案しています。そのような視点から、**主観と客観**について考えておきましょう。

28.1　ポジショナリティとリフレクシヴィティを意識する

　質的研究は教師や研究者の主観にもとづきますが、客観性についてはいつも注意しなければいけません。信用・信頼に値しないリサーチは単なる意見であり根拠が薄いものとなってしまいます。また、独りよがりになっては実践も研究も問題です。教師がよい実践をするためには、自分自身を理解し、ポジショナリティを明確にして、学習の主体である生徒との関係性を良好にすることで、常に互いにフィードバックをしながら、学習を最も効果的に保つことが大切です。その意味でポジショナリティとリフレクシヴィティは、しっかりと意識しておくことが質的研究では特に重要となります。**リフレクシヴィティは**、リサーチの手続きの中で、教師や研究者が事実を系統的に意識的に注意し多角的に何度も考察することです。それに対して、**ポジショナリティは**、教師や研究者の背景となる思考、知識、文化などのことで、対象としている英語教育実践や研究にどのような目的でどのような意図でかかわっているのかを明らかにすることです。

28.2　主観と主観の関係性としての間主観性を理解する

　ポジショナリティとリフレクシヴィティは相互に関連し、ある面では、ポジショナリティを表すことがリフレクシヴィティとも言えます。目的は、主観によるバイアスを可能な限り小さくすることにあります。この関係を理解するには、間主観性というフッサールの現象学に関する考え方が役に立つでしょう。**間主観性 (intersubjectivity)** は、主観と客観という二元論でなく、主観と主観の関係性のことを表しています。言い方を換えると、人間関係のこととも言えるでしょう。英語教育においては、教師と生徒、教師と教師、

教師と研究者、生徒と生徒などの人間関係が対象となります。間主観性はこのような部分に存在し、主観性だけで理解し考えるのではなく間主観性の観点から、英語学習を考えることも重要です。このようなポジショナリティもリフレクシヴィティと重なります。

　教師と生徒の人間的な営みを深く観察することなく、英語授業を科学的に客観的に観察し探究してきた反省から、間主観性は、**教師と生徒の学習活動を人間の営みとして共同して観察する**ことに使われることもあります。間主観性は「共同主観性」とも言われ、量的研究の客観性に対応する用語として質的研究では使われるようになっています。

28.3　多様なポジショナリティがある

　間主観性というポジショナリティ、主観性というポジショナリティ、客観性というポジショナリティなど、**多様なポジショナリティ**があります。教師も研究者も、それぞれのビリーフ、思い、考え方、目的、立場などのポジショナリティを明確に示すことが、質的研究には大切です。理由は、そこから実践や研究が始まるからです。そこに、リフレクシヴィティを介入させることで検証と手続きをとり、信用・信頼に値する実践とします。

主観性　　　　　　　　間主観性　　　　　　　　客観性

　上の図は、**主観性、間主観性、客観性という３つのタイプのポジショナリティの違い**を表しています。英語教育において、どのようなポジショナリティを取るかは、その状況によりますが、実践や研究に対する哲学、目的、姿勢などが大きく影響します。ポジショナリティは決して一定ではありません。柔軟である必要があります。英語教育実践や研究においても適切に判断しながら立ち位置を考えるようにしましょう。

29. 質的研究の具体的手法—現象学

　ここからは質的研究の具体的な手法について基本的な説明をしますが、ここまで述べてきたように、本書はマニュアルではありません。基本を理解して、興味を持ったら、ぜひ深く調べてみてください。その探求は、研究に限らず、英語教育の実践にも必ず役に立ちます。

29.1　現象学は自然な見方をする

　現象学（phenomenology）とは哲学的に考えると複雑ですが、簡単に言うと、人が経験することや認識することを対象として、**多くの人にとって共通となる意味を見出す研究**です。すでにある理論や思想を使って分析や解釈することではなく、**目の前にある現象を現象として理解**しようとすることです。客観的な理解ではなく主観的にしか理解できないという立場に立って、現象そのものを理解します。たとえば、英語教育の実践や研究では、教えることや学ぶことの現象を特定した上で、学習者が経験したことを一般的に当てはまるエッセンスを抽出し、多くの学習者に共通していることを描写し、ある学習において、多くの学習者に役立つようにするということです。

　現象学の特徴を英語教育の状況に当てはめてみると、発音指導などの特定の学習経験が考えられます。ある発音指導や学習を経験した複数の生徒を対象とすることで、発音指導や学習の現象を、教師や研究者の目を通して観察し、思考し、探索していくことに現象学が役立ちます。その際には、観察、記録、ふりかえりなど様々なデータ収集方法が可能ですが、その中でもよく使用されるのが生徒へのインタビュー（面接）です。**現象学では、自然な見方をすることを基本**とします。そのために、インタビューを録音（録画）して聞き、「**文字起こし（transcription）**」や「**かっこづける（bracketing）**」などをしながら、できる限り先入観を持たずに理解します。

29.2　「生きられた経験」を現象学は考える

　実際に現象学の手法を使った論文で考えてみましょう。「コミュニケーションのための英語教育をめざしたインタラクション概念の再考—現象学的アプローチに基づく教室談話の分析を通して—」（泉谷 2020）という博士論文

です。研究の目的は、生徒のコミュニケーション活動において、教師の働きかけによって生徒の英語のインタラクションがどのように影響されるかを明らかにすることです。日本の公立中学校 3 校にて実施された 7 つの授業をリサーチしました。授業は、4 名の日本人英語教師によって行われ、それぞれ45 分もしくは 50 分です。合計で 325 分の授業を録画し、現象学的アプローチで分析しました。録画データを文字に起こし、会話分析の方法を利用し、教師と生徒の **「生きられた経験 (lived experience)」**（その人自身の目の前の現実の経験の理解）を記述し、次のようなステップで分析しています（cf. van Manen, 2011）。

1. 授業中の英語を交えたやりとり、活動、場面などを自然な観察可能な現象に注目する
2. 観察可能な現象が教師や生徒にとってどのような「生きられた経験」となるという問いを立てる
3. それらの現象を「生きられた経験」としてあるがままに記述し分析する
4. その記述を検討し経験の成り立ちとして分析を続ける
5. 見いだされた経験の成り立ちから全体、全体から経験の成り立ちというようにテーマを探り、さらに検討し記述全体を貫くテーマを吟味する

公立中学校の英語授業における教師と生徒のやりとりを、それぞれの主観としての「生きられた経験」を丹念に可能な限り事実をあるがままに記述し、その記述をさらにあるがままに理解しようとする現象学的な質的研究は、このリサーチにかかわる教師や生徒にとっても、「生きられた経験」として何らかの気づきとなるに違いがありません。

　このように、個々のある特定の現象に焦点を当てて英語授業をそのまま現象学的に理解することは、実践にも研究にも意味があるということがよくわかります。「生きられた経験」は、現象学の本質を理解するのに役立つ用語ですが、人によって解釈は変わるかもしれません。しかし、質的研究の利点はその辺りにあります。**英語授業の複雑な実践の現象を、焦点を絞って観察し、教師や生徒の「生きられた経験」を多様な視点から記録し、再現し、記述し、考察することは、確かな質的研究の実践です。**

30. 質的研究の具体的手法—ケーススタディ（事例研究）

　ケーススタディ（事例研究）（case study）は、その名前のとおり事例を研究することです。英語教育の実践では、授業や教材などの研究で利用されることが多く、取り組みやすい質的研究と言えるでしょう。形式が明確ではない点で自由度が高く、実践的な形式です。

30.1　ケーススタディはプロセスの探求を大切にする

　ケーススタディとは、**一般的にある現象や社会的単位を全体的に描写、分析する手法**のことです。ケーススタディは、記述的であり様々なデータを利用して実施できます。英語教育におけるケーススタディの特徴として、教師の指導実践や生徒の学習行動、学校全体での英語教育目標の年間の取り組みなどに焦点を置いて実践を記録しますが、ともすると報告書などとして形式的になる傾向にあります。

　より有意義なケーススタディとするには、**描写、分析していく対象となるケースを特定すること**が大切です。たとえば、学校のカリキュラム改善、授業改善、教師個人の資質向上、学校や教室コミュニティ、生徒の英語力の向上、教育プロジェクトなどは、より明確なケースを設定して扱うようにする必要があります。教師や研究者は、ケースの現状や現在進行中の授業や学習の特定の内容に焦点を置き、正確な情報を多角的に集めていきます。そして、**特に、誰（who）が主体となって、どのような状況（when）に、どのような場面（where）で、何（what）を、なぜ（why）、どうやって（how）、というプロセスを探求していきます**。ケーススタディでは、このようなプロセスを明確に設定し記録することから始まります。

　英語教育のケーススタディでも多様な種類があります。1つの指導や学習に焦点をおく場合もあれば、複数のケースを選択し次第に焦点を絞っていく場合もあります。状況に応じて、また、研究目的に合わせて、多様な方法を選択することができます。量的研究のようにリサーチデザインを決めたら変更しないと考えるのではなく、柔軟に考えましょう。基本は、実際の状況に合わせて修正しながら探求することです。しかし、まずは、研究のパラダイムを決めて、目的を定め、リサーチデザインをしっかりしておくことが大切

です。そうしないと、収集したデータが無駄になることも起こります。できる限り効果的にケーススタディを実践するには、対象や目的、リサーチデザイン、データ収集の方法などを、可能な限り明確にします。もし、よくわからない場合は、**予備調査**(pilot study)を設定してもよいでしょう。

30.2　ケース・スタディを用いた研究は生き生きしている

ここでは、「The relationship between incommensurable emotions and willingness to communicate in English as a foreign language: a multiple case study」(Dewale & Pavelescu, 2021)というケーススタディを例に考えてみましょう。この研究の目的は、2 名のルーマニアの高校生の英語学習者を対象に、学習経験と感情がコミュニケーションの意欲(willingness to communicate: WTC)にどのように影響を与えるか明らかにすることです。3 つのデータ収集方法が採用されました。

1) **言語学習経験についての記述**(いつどこで英語学習を始めどのように学習したか、学習経験において最も鮮明な記憶、言語使用の機会、重要な役割を果たした人など)
2) 3 回の**半構造化インタビュー**(言語学習経験や感じていること、自律、文脈が与える影響、動機づけなど)
3) インタビューと関連した**授業観察**(クラスメートや教師とどのようにやりとりしているか)

このような明確なリサーチデザインのもとに、学習者の個人要因、文脈の要因によって WTC は変動する傾向にあると結論づけています。

このケーススタディの利点は、対象となる学習者のケースが**生き生きと理解**できる点です。たとえば、ある学習者は、英語のコンテストに参加し、良い得点を得たことが最も印象に残っていました。家族が英語教員であり、コンテストに理解があり、その影響でコンテストに参加したのです。ルーマニア語よりも英語で表現することが好きであり、授業でも活発に英語で発言しました。しかし、教師によっては発言しなかったり、授業に興味がない場合はほとんど参加しなかったりしたのです。このようなケースは、一般化はできませんが、**指導や学習に与える示唆**は価値があります。

31. 質的研究の具体的手法—ナラティブ

　ナラティブ（narrative）は、「語り、物語」などの意味で一般に使われています。質的研究の分野では、ナラティブ分析（narrative analysis）として、「人の個人的な経験の語りを分析して理解する」という伝統から発展し普及している手法です。英語教育の分野でもナラティブあるいは語りとして活用されるようになっています。

31.1　ナラティブはデータから意味を見出す

　ナラティブは、文学、歴史学、人類学、社会学、社会言語学、教育学など様々な分野において使用され、それぞれの分野において独自のアプローチで発展してきています。ナラティブの特徴としては、研究対象となる個人の生活や経験について、その人自身から語られる言葉を収集して分析することに尽きます。その語りは、その人自身のストーリーでもあるし、その人自身のアイデンティティでもあります。そのような個人的な経験をその人自身がどう捉えているのかに研究の焦点が置かれますが、その語りをどう理解するかがナラティブ研究の醍醐味でもあります。

　英語教育でもナラティブは盛んになってきています。英語指導や英語学習のデータは教師にとっては日常だからです。しかし、教育現場の実践の中でのデータ収集は重要ですがむずかしい面があります。データ収集には様々な手法が用いられます。教師や生徒へのインタビュー、授業や学習の観察、生徒の学習記録やふりかえり、日誌、テストなど、指導や学習活動のほぼ全てが対象となります。しかし、収集には倫理的な課題があるので注意しなければいけません。

　どのように分析するかがもう1つの課題です。データを集め、語られた内容をそのまま記述することは資料として大切です。しかし、いつ、どこで、誰が関与し、何が述べられ、何が、どうして、どのように起こったのか、そこにどのような意図があったのかなどを、的確に事実をまとめ分析する必要があります。その分析にも工夫が必要ですが、データから意味を見出す作業が最もむずかしく、注意するところです。一般的には、注目に値する語句を抽出し、コード化、カテゴリー化を行い、何らかの意味を見出します。その

際には**分析の視点を定めることも重要**です。たとえば、英語教育では、学習分野、授業活動、学習活動、やりとり（談話）などの分析の視点をどこに置くかです。このような活動は、教師にとっては実践にも役立ちます。

31.2　ナラティブを用いた研究は物語のように記述していく

　日本の新任英語教師を探求した博士論文、Vulnerability and resilience: Working lives and motivation of four novice EFL secondary school teachers in Japan（Kumazawa, 2011）で、ナラティブについて考えてみましょう。テーマは教師の動機づけです。目的は、教師の動機づけがどのように推移し、教師の行動にどのような影響を与え、危機をどう乗り越えるかを探求することです。大学（大学院）を修了し英語教師となった4名の新任英語教師を2年間に渡ってインタビューを中心に調査しました。**ナラティブではポジショナリティ （positionality）を説明すること**が大切ですので、その点もていねいに説明されています。研究者も教師を経験した後に大学で英語を教え、自分自身の教師経験をもとに動機づけに興味を持ち、4名の新任教師との関係性を考慮しながらナラティブの手法でインタビューなどを中心にデータを収集し分析しました。そのデータ分析をもとに、1）プロローグ（背景的な情報、教師になるまでの経験、教師になった理由、教師としての期待や目標など）、2）教師経験（1年目の経験、現実、適応など）、3）教師経験（2年目の経験、現実、適応など）と、3つの章に分けて論じています。

　ナラティブの利点としては、このような実際に教師が語っている**言葉をもとに物語のように記述していくこと**にあります。3つの章には、その点がよく工夫されて書かれています。そのような語られたことを、研究者自身の経験と、理論的な背景などをもとに、信用・信頼に値するように記述していくところが、ナラティブのむずかしさです。研究者の思い込みやバイアスを排除するために、4名の教師とのやりとりの中で常に確認しながら、事実を記述し、研究者の主観性も重要視しながら、リフレクシヴィティをとりながら、まとめています。逆を言えば、ナラティブのおもしろさは、そのような人間的な営みを記述する点にあると言えます。

32. 質的研究の具体的手法—エスノグラフィー

エスノグラフィー（ethnography）は、**民族学、文化人類学などの研究手法**として、フィールドワークなどと同様に、調査対象の領域に入ってともに過ごすことで、生活行動、文化、言語などを観察し、詳細を記述する研究方法です。それが多様な研究分野で利用されるようになり、英語教育でも盛んになってきています。

32.1　エスノグラフィーはありのままに調査する

エスノグラフィーは、ビジネスやマーケティング分野でも、特定の消費者の行動観察やインタビューなどでニーズ調査をする際に使われ、会社の人事の分野でも、業務改善や人材育成に使われるようになっています。同様に、英語教育でも、生徒の学習行動などの課題を探り出すことなどに有効です。とかく教師は思い込みで意思決定をしてしまう傾向にあるので、授業改善にも役立ちます。エスノグラフィーの特徴として、**ある集団の複雑な学習行動、習慣、文化などを描写すること**があげられます。観察や関与などフィールドワークに加え、インタビュー、会話、出来事などを記録（メモ、写真、録音、録画など）し、多様なデータを収集し考察しながら、何らかのパターンを見つけることにあります。ケーススタディなどと似ている部分がありますが、違いは、エスノグラフィーが、**焦点を明確にせずにありのままを調査すること**に目的を置いている点です。

英語教育におけるエスノグラフィーを考えてみましょう。生徒の学習行動で重要なテスト対策について、生徒がどのようなことをしているのかを1年間にわたり調査するとします。授業中の観察、休み時間の観察、学校外や普段の行動、学習相談など、小テスト、定期テスト、英語検定など、ふだんの教師としての活動の延長として、様々な記録を丹念にとっていきます。生徒の学力の向上と学習行動に何らかの関係性があるかどうか、学習に効果的な勉強法は何かなどを探っていきます。自律学習（learner autonomy）は、生徒にとっても重要です。生徒のふりかえりや日誌なども利用しながら多面的にリサーチする質的研究としての取り組みは、実践にも研究にも大いに役立ちます。エスノグラフィーは、ビジネスや人事などの調査と同様に、生徒の英

語学習ニーズ調査や英語教育現場の多様な状況の改善には向いている質的アプローチです。

32.2 エスノグラフィーはグループでプロジェクトとして実施する

エスノグラフィーの研究例として Motivational Practice: Insights from the Classroom（Henry et al 2019）を参考に具体的に考えてみましょう。スウェーデンで実施された Motivational Teaching in Swedish Secondary English Project について書かれた本です。プロジェクトの全体的な目的は、教室環境における教師の実践を通し、どのように動機づけが生まれるのか理解することでした。このプロジェクトは4段階（動機づけの要因、フィールドワーク、データ整理・分析、まとめ）で構成され、その中でエスノグラフィーが使われています。研究全体に興味がある人は読んでみてください。ここではどのようなエスノグラフィーを実施したか手法のみを紹介しておきます。

スウェーデンの16名の英語教師を対象にフィールドワークを実施しました。それぞれの教師を15日にわたり、授業観察（計253回）、教師、生徒とのインフォーマルな会話、教師対象のインタビュー、生徒対象のフォーカスグループインタビューなどを行い、データを収集しました。また、授業計画や教材、生徒による授業成果物（パワーポイントスライドなど）もデータとして収集しています。調査は、教師のありのままの活動を記述し記録しました。特に大切なのは授業観察です。目的は、どのように生徒の動機づけが生まれるか手がかりを得ることでした。16の学校で4名の研究者がかかわりました。何に着目するかを明確にするために先行研究をもとに動機づけに影響を与える要因のリストを作成し、そのリストを参考に授業観察をしました。教師には、動機づけの認識について授業中の行動などをもとに半構造化インタビューを実施し、生徒対象のフォーカスグループ（4〜5名）も実施し、英語学習や授業中の活動についても聞いています。

かなり大掛かりなプロジェクトですが、学校での教師の活動がどのように生徒の英語学習に影響するのかを、丹念に調査することは意義深いことです。エスノグラフィーは、一人で実施するよりは、この例のように、教師集団、教師と研究者など、**グループでプロジェクトとして実施する**と、英語教育の実践面でも大いに役立ちます。そのためには、実践の記録をていねいに収集することが、エスノグラフィーの第一歩となるでしょう。

33. 質的研究の具体的手法―グラウンディド・セオリー

　グラウンディド・セオリー・アプローチ (grounded theory approach) は GTA と略して使われます。1967 年に Glaser と Strauss が提唱し看護学など広く様々な分野で利用されています。質的研究が量的研究に匹敵するように**方法論を明確**にしたことで定着してきました。

33.1　GTA はリサーチプロセスを明確に設定している
　GTA の基本は、**データに根付いた (grounded)** 上で理論を構築することです。GTA の特徴は、研究のプロセスを明確にして、収集、分析されたデータから概念を抽出し、概念同士を関連づけることによって文章化し、ストーリーラインとして理論化することと言えるでしょう。データ収集方法は、観察、インタビュー、記述資料など他の質的研究とほぼ同じですが、これらを記述し、**コード化 (coding)** し、**カテゴリー (category)** に表すプロセスが明確に設定されています。詳細は省略しますが、このプロセスの概略は次のように表せます。

　このようなプロセスをくり返すことに GTA の特徴があります。また、バイアスを少なくするために、**特性 (property)** や**特性の程度 (dimension)** という基準で**ラベル化 (labelling)** などを行い、データ収集と分析ごとにこのプロセスを行い、**理論化 (theorizing)** を目指します。GTA は、コード化、**仕分け (sorting)**、ラベル化、カテゴリー分けなどの方法について細かく設定しています。ここでは詳細を説明できませんが、英語教育の課題についてリサーチクエスチョンを設定して一般的な結果を導き出したい場合は、比較的取り組みやすいと言えます。

　たとえば、英語授業の導入方法に関して、いくつかの方法（オーラルイントロダクション、クイズ、発音、文法、語彙など）を試して、最も適切な方法を見出すのに GTA の手法は有効です。他の質的研究よりも、プロセスが

ある程度確立しているので、取り組みやすいでしょう。質的研究では、分析や解釈について信用・信頼に値する手続きが最もむずかしいので、その点ではGTAの手法を学び実践することは意義があります。

33.2　GTA研究は理論化を目的とした概念モデルを生成する

Teacher ideologies of English in 21st century Norway and new directions for locally tailored ELT（Chvala 2020）の研究を例に、GTAについて考えましょう。この研究の目的は、ノルウェーの英語教師の英語イデオロギーに関する考えを明らかにすることです。特に、社会や学校における英語について、GTAを通して概念的なフレームワークを生み出そうとしました。参加者は12名の8〜10年生を中心に教えている教師です。半構造化インタビューが3週間ごとに計3回実施されました。内容は、1)関係づくり、背景、進め方、ディスカッション、2)前回の確認、オープンディスカッション、3)内容の確認、トピック全体などとなっています。

　データ分析では、まず、**オープン・コーディング**（open coding）を行いました。非母語話者の英語に焦点を当て、英語、能力、グローバル、国際的な、世界、シティズンシップ、デモクラシーなどのコードで抽出しました。次に、**アキシャル・コーディング**（axial coding）を行い、社会や学校における英語に焦点を置きました。そして、**セレクティブ・コーディング**（selective coding）では、社会における英語に関して2つのコアカテゴリー、学校における英語に関して6つのコアカテゴリーを設定して分類しました。結果として、図のような**概念モデルを生成**しました。

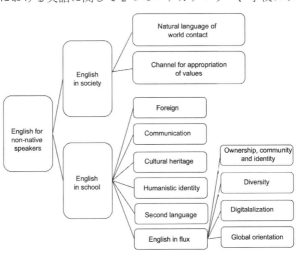

34. 質的研究の実施と公開

　質的研究の手法には、ここで紹介した以外にもたくさんあります。詳細は紹介しきれないので、興味を持った質的研究についてはぜひさらに知見を深めて実践してみてください。「こうしなければいけない」と考えるのではなく、自身の力量を高めるために、英語教育実践の一環として、また、授業研究実践の一部として行ってください。必ず役に立ちます。ここではその質的研究の実施と公開に関して簡単に説明しておきます。

34.1　実践や研究は英語で世界に発信する

　英語教育実践は、量的研究だけではなく、質的研究を行うことで、研究にも実践にも相乗効果をもたらします。特に質的研究では、英語教育実践の質的部分に焦点を当てるために、実践的な知見が豊富に共有できます。多くの英語教育の実践が公開され共有されれば、英語教育全体の向上に役立つでしょう。それを英語で書いて発表することは価値があります。世界で多くの論文が英語で共有されているので、**英語で読み英語で発信する**ことはふつうになっています。しかし、英語教育の実践にかかわる研究を、英語で学会発表や論文として公開するのは、確かにハードルが高いと思う人も多いかもしれません。

　現在、インターネット上では無料で閲覧できる言語教育関連の情報はたくさんあります。英語圏だけではなくアジアからの発信も多く、多彩な論文が英語で読むことができます。大学の研究者だけが学会で発表したり論文を書いたりする時代ではありません。　**日本における英語教育の質的研究や報告などの情報はもっと多く発信**される必要があります。

34.2　質的研究の基本的な流れは実践にある

　質的研究をどのようなステップで進めるか簡潔に説明します。**質的研究の基本的な流れ**は総じて次のようになりますが、多様で柔軟に考えることが大切です。思考を楽しむことも研究の一面です。この基本の流れに合わせて考えてください。その思考は、英語教育の実践にも必ず役に立ちます。結果として発表がボツになっても、それはそれで意味があります。

1) 研究計画(research design)、目的(purpose)、背景(background)

2) 具体的な課題(research question)、対象(subject)

3) 方法(method)、手続き(procedure)

4) 実践(practice)、データ収集実施(data gathering)

5) データ処理分析(analysis)、結果(results)、考察(discussion)など

6) 要旨(abstract)、発表(presentation)、論文執筆(writing a paper)

　質的研究は実践することに意義があります。まずは疑問を持ち、先行研究を読み、課題を明確にして、準備します。対象や研究目的を明確にして、パラダイムを考え、研究方法と手続きを検討します。研究計画の概要が決まったら、どのような実践の中でデータ収集を実施するか決めて、データを収集し、さらに、データを記述し、考察し、結果をまとめていきます。質的研究では結論を必ず出す必要はなく。プロセスや試みだけでも価値があります。

34.3　質的研究は結論や結果が出ていなくても公開する

　質的研究は、比較的長期間に渡り調査やデータ収集に時間をかけることが多くなります。研究の公開に関しては、**結論や結果が出ていない場合でも重要**なことがあります。公開し意見を聞くことも大切なことですから、研究を発表することは、とても大切なことです。研究公開の1つの目的は、成功を示すことではなく実践の共有です。「私も同じようなことで悩んでいます」「私も同じようなことを考えています。いっしょに研究しませんか？」「それはちょっと違います。こうしたらどうでしょうか」など、発表することで貴重なフィードバックが得られます。質的研究は長いプロセスですが、並行して様々なことに取り組みながら、**結果を公表していくことが大切**です。そうすることで、自分の思考も整理されます。論文にまとめることも、アドバイスを受けながらまとめることもできます。

　論文には形式がありますが大切なことは内容です。英語教育の実践の中で研究も頭に入れておくと、多くの先行研究としての実践や研究を目にします。**英語でも日本語でも多くの文献に触れておく**と、形式自体はそれほど問題ではありません。何も書かないことが一番の問題です。

35. 質的研究の倫理ガイドライン

　教育や研究に限らず社会生活には倫理的な制約があります。特に教育は「人」に関わる仕事で当然配慮しなければいけません。英語教育の研究でも十分に気をつけなければいけません。**研究倫理** (research ethics) について**基本的な理解**をしておきましょう。

35.1　質的研究では倫理を考える

　英語教育における質的研究では、医学や看護での**インフォームドコンセント** (informed consent: 十分な説明の上での同意) ほど厳しく考える必要はありません。しかし、生徒を対象とすることが多いので当然倫理的な責任が発生します。この点は、教育にかかわる人は十分に配慮しなければいけませんが、だからと言って、深くかかわらないとなると探求できることもできなくなります。質的研究の意義は、その関係性のバランスにあります。

　ご存じのとおり、教育にかかわる仕事には多くの場合**守秘義務**があります。また、**個人情報保護**という観点も重要です。それとともに、忘れてはならないのは、英語教育研究といえども、人を対象とする研究であり、児童・生徒を対象とする研究は、常に教育の一環と考える必要があります。教育上問題となる行為は避ける必要があります。質的研究におけるデータは、量的研究のデータと違い、個人にかかわる内容が多くなります。データも文字情報だけではなく、画像や動画なども対象となります。また、文脈も必要なデータとなります。収集したデータの記録や保管、およびその公表においては特段の注意が必要です。調査の背景や個人が特定されないようにする、個人が特定されることが必要な場合は、**公表できるプロセスをきちんと処理**することが大切です。質的研究をする意義は、調査研究しながら教育にかかわり、教師や研究者も成長することです。その意味で、質的研究では倫理を考えることは最も重要なことです。

35.2　質的研究は倫理のプロセスを大切にする

　研究を始める前に倫理的に問題がないかまず確認しましょう。研究目的を設定して対象や手法を決定する段階で、時間をかけて吟味することが重要で

す。その意味で、調査する内容や計画を提示し、**第三者の意見を聞くことは必須**です。多くの場合、研究調査計画には、研究意義・目的、内容の概要（調査の対象者、手順）、倫理的配慮、データの取り扱い、研究結果の公表予定などが含まれます。質的研究では、このプロセスを信用・信頼に値するように可能な限り明確に提示することが大切です。研究で特に問題となるのが不正行為です。**データの捏造や盗用などの剽窃(plagiarism)は重大な問題です。質的研究に取り組む人は特に誠実に対応する必要**があります。

　研究調査実施中は、調査対象に寄り添うようにすることが大切です。計画どおりに進めることはほぼ無理です。現実は実験室のようにはいきません。思いどおりのデータは収集できないのがふつうです。しかし、そのプロセスもていねいに分析することが質的研究のポイントです。あまりにも整然としたリサーチデザインと計画に沿った結果は、疑ってかかるほうがよいです。質的研究の特徴は、複雑な現実の諸相をできるかぎり正確に観察し、収集した事実を多くの人にわかるように提示することです。それを信用・信頼に値するように公表することが、多くの人に有益となります。

　英語教育研究の成果は、単に自己満足で終わっては意味がありません。共有することが大切です。そのためには、日本語だけではなく、英語で発表することも大切です。質的研究は、量的研究に較べると言語(英語)表現などがむずかしい面があります。また、論理構成や教育という文脈では文化的な差異も考慮する場合があります。しかし、英語教育に携わっている限り英語で発表することは必要なことでしょう。他国の様子を見ていると、**小学校でも中学校でも教師をしながら研究している人は多く**、英語で研究をまとめています。ぜひ実践や研究をしている人は、その成果を英語でも日本語でも発表してください。発表すると様々なフィードバックがあります。リサーチ方法やテーマに関する質問など、批判的なものから共感するものまで多彩ですが、フィードバックがあるとうれしいものです。**発表することによって共同することができる**こともあります。その際も基盤は研究倫理にあります。このように、研究の準備段階から、対象者からの同意書、データ収集・分析、結果の考察・まとめ、そして成果発表まで、研究プロセス全般にわたって、教育者や研究者として倫理的な姿勢は基本です。

36. 質的研究をまとめる―テーマ設定

　質的研究のまとめ方を整理しておきましょう。口頭発表する場合も論考を書く場合も、研究のスタートから論文の構成（Part I 参照）を基盤として考えることができるようになると、あまり苦にはならないようです。それも、日本語と英語で整理しておくことも大切です。研究作法は分野によって違いますが、量的研究を中心とした英語教育研究の場合はほぼ定着した形があります。しかし、質的研究はまだ工夫が必要です。加えて実践にも役立ちます。

36.1　質的研究のまとめはメモから始まる

　まずは**誰に伝えるか**（audience）です。そうすると**言語**（languages）が決まります。次に、**研究ノート**（research note）を作ります。その中に粗く思いつくままに、**テーマや話題**（theme, topic）、**課題**（questions）、**目的**（purpose, aim）、**文献**（literature）、**対象**（subject）、**方法**（methods）、**データ収集**（data collection）、**分析**（data analysis）、**結果**（findings）、**考察**（discussion）、**結論**（conclusion）などをメモします。このような思考を重ねることで、どのような知識が不足しているのか、あるいは、何が課題なのか、どのようなリサーチが可能か、どんなことが分かりそうか、価値がありそうかなどなど、いわゆる**ブレインストーミング**（brainstorming）ができます。一人で考えるよりも、教師の同僚や友人、研究会などで共有することでさらに深まります。

　最初から質的研究と決める必要はありません。MMR でも量的研究でも方向性が決まれば、どのような方法でもリサーチは可能で、意義あるものになっていきます。**文献を読んだら参考となる部分は必ずメモ**して、出典も明記しておきます。メモの仕方は紙でもデジタルでもやりやすい方法でよいでしょう。教師にとってはこのような活動も教材研究の一環です。授業の場合は主たる対象は生徒ですが、授業研究などでは対象は教師や研究者となります。言い換えると、**教師の活動自体が研究と一体**となります。Part I で触れたリフレクティブ・ティーチングは、質的研究の実践とほぼ近い考え方なので、研究をまとめることを考えながら、ノートを作り、実践すると、その成果は共有できる知見となります。

36.2　質的研究のテーマは背景知識と先行研究をもとに立てる

　英語教育研究は、授業研究だけではなく、**教材そのものの研究**(materials development)や、**言語文化社会のすべて**にかかわります。日本の教科書検定制度は文部科学省検定済み教科書を使用することが原則です。しかし、現行の教育課程は一時よりは柔軟になってきています。また、高校や大学の英語授業はかなり多様な実践が行われ混沌としています。英語の文法、語彙、発音の言語構造面から、聞く、読む、話す、書く技能面まで基礎的な学習は、高校や大学でも必須となり、他方では、**バイリンガル教育**や IB（International Baccalaureate：国際バカロレア）関連のカリキュラムなどが小学校から始まっています。大学の教職課程で履修が必須となる英語学、英語文学、英語コミュニケーション、異文化理解などのテーマも重要になっています。教科書題材も紆余曲折ありますが、SDGs などの内容が扱われ、人権、社会経済、国際理解、平和教育などなど、英語教師として必要な知識も幅広くなっています。生徒の学習意欲を刺激し、動機づけを図るには、**英語が使われる内容や背景は大きなテーマ**です。

　テーマの選定をする際にはもちろん英語教育の実践の場が第一ですが、それとともに文献を参照することと多くの実践を理解することが必須です。このようなテーマの**背景知識**(background knowledge)と**先行研究**(previous research)を日本語でも英語でも読むことは、質的研究に限らず重要です。読むことで専門用語や表現が理解できるからです。特に質的研究では、量的研究よりも多彩なので、研究手法や文体についても大いに参考になります。また、多くの研究手法に触れることでより質的研究の理解が深まります。

　テーマ、背景知識、先行研究、文体、リサーチ方法などが決まってくれば、データ収集です。しかし、質的研究ではデータ収集でも様々な工夫と思考と経験が要求されます。データは正確な記録と偏りのない主観性で資料として「見える化」します。このような「見える化」の手順と提示方法が質的研究のまとめでは最も大切です。収集されたデータはそのまま提示しても無意味です。分析の過程でコード化、カテゴリー化などの処理をして、パターンや特徴などで「見える化」し、信用・信頼に値するある解釈を加える必要があります。質的研究は結果を示しますが、何らかの結論は言う必要はありません。このような**プロセスを明確**に示すことが**質的研究の特徴**です。

37. 質的研究をまとめる—データの扱い

　質的研究では、データ収集、分析、公表が最も大切でおもしろいプロセスです。量的分析のように数値で見るのではなく、生身のデータに触れ、思考し、何らかの知見を見出し、次の探求につなげます。質的研究の醍醐味はそこにあります。しかし、それを共有するには**誰にもわかるように**可能な限り適切にしなければいけません。

37.1　質的研究はデータ収集と分析を重視する

　質的研究では多様で複雑な種類のデータを収集します。**代表的なデータは観察とインタビュー**です。たとえば、インタビューであれば、適切な質問をして有効な回答を引き出し、それを記録し、何度も再生し、文字に書き起こし、さらに、言葉の意味を確認しながら、解釈を加え、データを整理する。場合によっては、文字データだけではなく、音調や表情やしぐさ、さらには静止画や動画を記録する場合もあります。インタビューだけではなく、フォーカスグループ、ロールプレイなど、データ収集の方法は、ICT 化によりますます多様になり、量的研究との融合が進み、MMR などのような**複合型**(multiple methods) が進むでしょう。しかし、**リサーチをする人の主観性がなければデータは大切なことは語らない**かもしれません。

　データを整理し分析するにあたって、「このように処理しなくてはならない」というような決まりはありません。データにとって適切な方法を見つけることが重要です。データ収集後は、**各記録とその記録を文字にしてデジタルで残す**のがふつうです。文字起こしによる文字データを作成することは労力のいる作業ですが、その作業の過程で様々なことが見えてきます。記録の仕方には、談話分析や会話分析など一応作法がありますが、目的に応じて、第三者が見てもわかるようにして、公開する場合に個人が特定されないように記録することが大切です。**データファイルの保存**には注意してバックアップはとっておきましょう。また、研究のプロセスにおいて何度もくり返し参照することになるため、自分にとってわかりやすいようにすることが基本です。たとえば、検索がしやすいようにインデックスなどを作成しておくこともひとつの工夫です。このような一連の作業はデータ分析の一部です。作業

をくり返すことで、コード化、カテゴリー化、図解などにより、データの意味が見えてくるのです。

37.2　質的研究はデータ分析から解釈へと向かう

　データの分析には、**質的データ分析** (qualitative data analysis: QDA) ソフト（例：NVivo など）などを活用することも効果的です。QDA ソフトの利点は、あらゆるデータを 1 箇所に保存して整理できる点です。ソフトを開けばすべて必要なデータがあるという状況は、大量のデータを扱う場合に便利です。コンピュータが苦手でも、教師や研究者が共同で研究するプロジェクトなどで、互いに得意な作業を分担しながら研究することも、分析と解釈（interpretation）においては重要です。質的研究は、教師や研究者の主観性の探求です。それは QDA ソフトではできませんから、**最終的には教師や研究者が解釈**をする必要があります。

　量的研究でも解釈は行われますが、**質的研究は解釈が研究自体に大きな位置**を占めます。分析と解釈の一連の作業は、データに意味づけするプロセスなのです。QDA ソフトは、データを取り込めば、それを管理（デジタル化することで保管と検索）し、データを整理・分析（支援）（メモ、コード化、分類）し、データを見える化（図表など）してくれます。しかし、解釈の素材は提供してくれますが、解釈まではできません。この解釈をどのようにするかが、質的研究では問題となります。

　質的研究が評価されるのはこの部分です。この解釈のプロセスが信用・信頼に値するプロセスとなるようにすることが、根拠となります。**論理の飛躍**（a logical leap）や**プロセスが不明瞭**の場合は、根拠とはなりません。そこで、どのようにして解釈を根拠とするかが大きな問題となります。まずは、先行研究に倣うことです。質的研究に慣れない場合は、やはり先行研究など**追研究** (follow-up research or study) をすることです。次には、**共同研究**です。質的研究の解釈は経験に裏打ちされる必要があります。まったく経験のないことを解釈することはやはりむずかしいので、数人のグループで解釈するほうが適切です。さらには、**自分自身と対象とするデータとの相互作用**が有効です。研究にかかわる人をすべてがリサーチャーとなり探求に向かうことです。

38. 研究をまとめる―書く

　データ収集と分析の後は、それをもとに考察を加え、何が事実としてわかり、どのような発見がどの程度まで言えるのかを書いてまとめる必要があります。つまり、書くという作業です。**書くという作業は推敲が必要で、教師**にも研究者にとっても自分自身の資質向上に役立つ重要なプロセスとなります。

38.1　質的研究は書くことでまとめる

　質的研究では、データ収集と分析を、研究ノートを作成し記録し思考しながら、継続して進めます。研究の過程で、論文にまとめることを想定しながら、**研究ノートにまとめていきます**。データ収集前では、研究テーマを柱として、研究の背景（background）や**現状の課題（current issues）**を断片的にまとめ、先行研究を整理します。目的やリサーチクエスチョン、また、方法や手順もまとめておきます。データ収集はアンケート調査のようにまとめてできることは少なく、分析も同時に行うので、修正しながら工夫を加えて、調査対象と調整を図りながら、スタートします。うまくいけば、その後のデータ収集は比較的順調に進むので、文献などを参照しながら分析を進めます。この段階では**データの収集と分析は行ったり来たりしますが、少しずつ考察と検証へと進んでいきます**。

　データ収集が一段落する頃には、ほぼ研究の本体は終わります。この段階で、リサーチができなくなる、あるいは、リサーチが予定どおりに進んでほ

質的研究の過程で研究ノートと論文をどうまとめるか

ぼデータ収集が終わる、あるいは、リサーチが思った方向に行かなくなり修正を迫られるなど、様々なことが考えられます。いずれにしても、データ収集と分析が終了すると研究のまとめに入ります。つまり、論文を書いてまとめる段階に入ることになります。ここまでの段階で相談したり、発表したりして、意見を聞くなどをすることも有益です。データ収集後は、イントロダクション(研究の背景や目的など)をまとめながら文献を整理し、研究方法、結果、分析などの本論となるプロセスをまとめ、考察や結論を検討します。試行錯誤をくり返し、**批判的思考 (critical thinking)** を楽しみながら、検証を重ね、リフレクシヴィティを考慮しながら記述をまとめていきます。

38.2　書くことや記録することで思考をまとめる

　質的研究に限らず多くの研究は、**授業実践と同様に、書くことで自分の思考を記録してまとめる**作業が必要です。これはリフレクションやリフレクシヴィティも伴う活動で、ただ単に発表するために論考をまとめるというものではありません。安易に考えるとせっかくの研究が無意味になります。何度も推敲する可能性もありますが、そのようなつまずきや失敗のプロセスはとても大切です。真摯にまとめることは必ず自分自身の成長につながり、実践にも役に立ちます。このような自分の思考をデータを見ながら記録し思考すること、データから何かを読み取ること、データと対話することが、質的研究の面白味でもあります。その意味で、データ収集中に考えたこと感じたことなどを、些細なことであっても**記録しておくことはとても重要**です。論文の内容に直接使用できなかったとしても、次につながります。このような書く作業に有効な準備作業は、それぞれの人によって違います。自分に合う方法を探すことが大切です。たとえば、まず、アウトラインを書く、それぞれの事実や思考をカードにまとめる、**マインドマップ**や **KJ 法**などの手法を用いて思考の整理をするなど。

　英語で書くのはむずかしいと考える人は英語で記録してみてください。研究ノートを英語(日本語も交えて)で作成する作業は、英語で論文を書くことにとても役立ちます。アカデミックな英語に慣れていない人にとっても、論文を英語でまとめる作業を何回か重ねると必ずうまく書けるようになります。その最初の一歩は、文献を読んで、役に立つ表現を研究ノートにまとめる作業です。**論文にまとめることは実践にも必ず反映**されます。

39. リフレクシヴィティの必要性

　リフレクシヴィティについては、本書で何度か触れてきました。質的研究においては、このリフレクシヴィティを理解することが大切ですが、少しわかりにくいので、ここでまとめておきます。

39.1　リフレクシヴィティは質的研究に欠かせない

　28 で、ポジショナリティとリフレクシヴィティの相互の関連について説明しました。質的研究においては、教師も研究者もリサーチをする際には、**自分も研究の一部であることを意識**しておくことが必要です。かつ、それを発表する場合に明確に提示することが基本となります。なぜなら、研究者自身がリサーチに影響を与えているからです。これは、質的研究自体の宿命です。これを排除して量的研究に向かえば質的研究とは言えないかもしれません。**リフレクシヴィティは、ポジショナリティも含めたこのようなプロセスを常に意識し、事実を多角的に何度も考察する**ことです。理由は、必ず分析や解釈においてバイアスがかかるからです。そのバイアスを完全に排除する必要があれば、量的研究をしましょう。質的研究をする理由は、調査する人の主観性が入ることが大切です。その主観性が「独りよがり」にならないように、研究のあらゆる段階でリフレクシヴィティを考慮する必要があります。また、研究の発表段階では、**信用・信頼に値する証拠や手続き**を、対象者や対象とのリフレクシヴィティの中で、読み手を考慮して**ていねいに示す**ことが欠かせません。

39.2　リフレクシヴィティの探求の中で自分を見つめる

　リフレクシヴィティは、こうしなければいけないということは特にありませんが、質的研究では、**自分自身が教師として研究者として信用・信頼に値するという姿勢**がまず大切で、その姿勢が適切であることを、論文などを書く際には記述しておく必要があります。具体的には次のようなことがあげられます。

　● 英語教育にどうかかわりどのようなことをしてきたか

- 英語教育において調査対象者とはどのような関係か
- 英語教育に対する価値や信条がどういうもので、分析にどう影響するか
- どのような実践や研究をしてきたのか
- 調査において懸念していること、困っていることなど
- データについてどういう意味づけをしているか
- 研究ノートの記述や考えていることの手続き
- 実践や経験についての課題

リフレクシヴィティは、このような些細な個人的なこともきちんと正直に表明することで、**自分自身を見つめる探求**でもあります。批判もすべて受け入れることで、さらに思考を深め、質的研究の意義を他者にも示すことです。

39.3　リフレクシヴィティは人が共感する根拠を示す

　英語教育の実践や研究において、どのようにリフレクシヴィティが扱われているかは明確にはわかりませんが、信用・信頼に値する実践をしている人はほぼリフレクシヴィティが何らかの形で身についていると言えるでしょう。探究心が高く、意見を真摯に聞き、プロセスを明確に示し、慎重に判断できる人は、総じてリフレクシヴィティがある人です。しかし、それを明確に他者に伝えるためには工夫が必要です。共感できる根拠を記述で示す工夫の基本は、1)ポジショナリティとリフレクシヴィティの明示、2)リサーチデザインの提示とプロセスの透明化、3) データの保存と見える化、4) データの正確な記述と再現性、5) データ処理の間主観性の担保、6) データ処理と分析のプロセスの明確な記述、7)分析結果と考察の思考プロセスの明確な記述、8)問題点と課題の提示、などの考慮にあります。このような研究上の考慮が、研究内容に対する信用・信頼に値する共感を呼びます。

　リフレクシヴィティで重要な観点はこの**共感 (empathy)** にあります。研究は「**腑に落ちる**」ということが大切です。量的研究で数値などの明確な根拠が示されていればそのプロセスと結果に疑念は抱かれません。質的研究は、数値ではなく事実と記述で根拠を示し**共感する必要**があります。そのために、リフレクシヴィティを考慮して質的研究を遂行する必要があるのです。

40. 英語教育における質的研究のまとめ

　Part I、II と、英語教育における質的研究の意義について、教師や研究者の資質向上と関連しながら、理論と実践の両面から述べてきました。「研究はむずかしそうで面倒だ」と思う人も多いかもしれませんが、**研究には具体的で素朴な疑問が大切で、実践の中には根拠が必ずある**はずです。英語教育の実践に疑問を感じ、「もっとよい英語教育をしたい」と考える人は、ぜひ質的研究を始めてください。質的研究の作法は多様で柔軟です。根拠にもとづき信用・信頼に値するにはどうするか工夫を心がけてください。

　ここまで見てきたように、日本の英語教育研究の動向は柔軟に多様に複合的になっています。CEFR や CLIL などの世界の動きが影響を与えていることは間違いありません。しかし、英文学、英語学なども英語教育にはなくてはならないものです。英語教育は、多様な分野と関連し言語文化の多様性と統合に向かっています。そのような**複雑な状況に対応するには質的研究は欠かせないアプローチ**となっています。また、多様な生徒の学習のつまずきなどを改善につなげるには、授業研究における質的アプローチは最適です。

　ティーチャーリサーチ (TR) は学習者の学びを支援し有効な手立てを提供してくれます。TR は、実践の中で無理なく遂行できる教師自身の系統的意図的な探求だからです。また、TR は信用・信頼に値するリフレクシヴィティを考慮することで質的研究を豊かにしてくれます。また、TR を実践するために研究手法を英語で学ぶことは、英語教師の資質向上につながります。

　質的研究はパラダイムの理解から始まるので、存在論や認識論などの哲学の考えは実践や研究の方向性に大きく影響します。また、質的研究はリフレクションと密接に関連するので、リフレクティブ・ティーチングは質的研究では重要な考え方です。さらに、**質的研究は自分自身の「こころ」の哲学的探究**でもあるので、質的研究のリサーチ方法は、その「こころ」を「見える化」する工夫とも言えるでしょう。

　質的研究は、主にことばによってデータを分析し解釈するので、**あいまいなものに対する寛容さ**が必要です。量的研究が客観的科学的な手続と検証を重視するのに対して、質的研究はポスト構造主義に影響を受け、**「腑に落ちる」ことを提案**し、学習者の変容を見ます。その過程で MMR が自然に生ま

れました。研究テーマの具体化は、視点、視野、視座から始まり、問いの立て方で大きく影響されます。しかし、**リサーチデザインは、実践のチャートであり記録なので、一本の筋を通すことが大切**です。質的研究の存在論は正解をひとつとしません。認識論は「人が意味をつくる」ということです。価値論は質的研究の意味に影響を与え、方法論は質的研究を方向づける重要な指針となります。リサーチデザインではこのようなパラダイムの枠組を考えます。

　質的研究を論文などにまとめる際は、**方法論上の誠実さ**が必要となります。APA の書式を参考にしながら書くとよいです。それと併せて、信用・信頼に値することの具体的な規準を考え、**ポジショナリティとリフレクシヴィティ**を意識して書きます。質的研究の具体的手法の代表的なものは、自然な見方をして「**生きられた経験**」を考える**現象学**、プロセスの探求を大切にする生き生きしている**ケーススタディ（事例研究）**、データから意味を見出し、物語のように記述していく**ナラティブ**、ありのままに調査しグループでプロジェクトとして実施する**エスノグラフィー**、リサーチプロセスを明確に設定し、理論化としての概念モデルを生成する**グラウンディド・セオリー・アプローチ（GTA）** などがあります。また、理論化や一般化はしなくてよいですが、質的研究は実証研究でもあるので考慮できればすべきでしょう。

　質的研究の実践や研究は、日本で英語教育がどのように進んでいるかを理解してもらい、課題を共有する意味で、価値があります。実践として何が起こっているのかを、英語で書いて世界に発信することは喫緊の課題です。臆することなく、教師も実践を発表することを心がけましょう。実践は意味があります。その際には、倫理のプロセスを大切にし、テーマ設定などから始めます。まとめ方は、研究ノートのメモから始め、テーマは背景知識と先行研究をもとに立て、データを収集し記録します。データの扱いは、データ収集と分析を重視し、解釈から考察へと深く思考し、その思考の記録をメモしていきます。**質的研究では、その複雑なプロセスを書くことでまとめます。**書いては直し、直しては書き、書くことや記録することで思考をまとめるのです。その際に**リフレクシヴィティ**は欠かせません。その探求の中で、自分を見つめ、他人が共感する根拠を探しだすのです。

参考文献

Chvala, L. (2020) Teacher ideologies of English in 21st century Norway and new directions for locally tailored ELT. *System* (*Linköping*), 94, 102327. doi:10.1016/j.system.2020.102327

Creswell, J. W. (2014) *Research Design: Qualitative, Quantitative and Mixed Methods Approaches* (4th ed.). Thousand Oaks, CA: Sage.

Dewaele, J. M. & Pavelescu, L. (2021) The relationship between incommensurable emotions and willingness to communicate in English as a Foreign Language: a multiple case study. *Innovation in Language Learning and Teaching* 15 (1), 66-80.

Henry, A., Sundqvist, P., & Thorsen, C. (2019) *Motivational practice: Insights from the classroom.* Lund: Studentlitteratur.

Kumazawa, M. (2011) *Vulnerability and resilience: Working lives and motivation of four novice EFL secondary school teachers in Japan* (Unpublished doctoral dissertation). Temple University, Philadelphia, PA.

Levitt, H. M., Bamberg, M., Creswell, J. W., Frost, D. M., Josselson, R., & Susrez-Orozco, C. (2018) Journal article Standards of qualitative research in psychology: The APA publications and communications board task force report. *American Psychologist, 73*(1), 26-46.

Lincoln, Y., & Guba, E. G. (1985) *Naturalistic inquiry. Newbury Park*. CA: Sage.

van Manen, M. (2011) *Phenomenology online: A resource for phenomenological inquiry.* Retrieved from http:// www.phenomenologyonline.com.

泉谷律子 (2020)「コミュニケーションのための英語教育をめざしたインタラクション概念の再考―現象学的アプローチに基づく教室談話の分析を通して―」博士論文　大阪大学

亀井智子 (2021)「混合研究法を用いた看護研究支援ツール (m-STAR21) の開発と展望」『看護研究』54 巻 2 号．120-124. DOI https://doi.org/10.11477/mf.1681201857

無藤隆，やまだようこ，南博文，麻生武，サトウタツヤ．(2004)『質的心理学』新曜社

Part III　質的研究の実践例

宮原万寿子、笹島茂

　Part I と Part II をうけて、Part III では、質的研究の実践例をいくつか紹介します。多くは、大学英語教育学会言語教師認知研究会(SIG on JACET Language Teacher Cognition) の活動の一環として開催した「英語教育における質的研究コンソーシアム(Qualitative Research Consortium in English Education: QRCEE)」(http://eltqualitativeresearchjapan.blogspot.jp) で発表した内容と関連しています。ここでは、質的研究の実践が具体的にわかりやすくなるように、それぞれの質的研究とのかかわり方でまとめてあります。質的研究の経験、研究会で発表した内容のフォローアップ研究など、これから質的研究に取り組む教師や研究者、あるいは、質的研究に興味ある学生の方に役立つ内容となっています。

　この章での研究実践が示すとおり、質的研究と一口に言っても、その研究目的や研究対象によって実に様々な方式を取っていることがわかると思います。もちろん分野によっての相違もあります。ただ、1つ共通点としては「人間」が研究主体であり、また、その研究を遂行する人も様々な背景を背負った生身の人間だということです。近年、社会学、人類学、心理学、教育学などの分野では、質的研究は一種のブームとも言える状況になっています。研究を重ねるたびに、そこで出てきた疑問や課題を話し合う場を設けることが、より一層重要になっているとさらに強く感じています。この QRCEE を立ち上げたきっかけもそのような意図からでした。

　Part III は、質的研究実践の多面的な視点や方法を理解してもらうために、できる限り、それぞれの筆者の考えを尊重してほぼそのまま掲載します。多少不統一感があるかもしれませんが、それも質的研究の特徴として理解してください。実践例は次のとおりです。次の4つの論考は、質的研究の実践に関する経験や提案などです。

1.「英語ユーザーへのインタビュー」の経験から(柳瀬陽介)

2. ティーチャーリサーチ(TR)の実践(笹島茂)

3. 教師の動機づけ研究(末森咲)

4. *Perezhivanie* と向き合う言語学習アドバイジング(守屋亮)

　柳瀬陽介氏は、勤務する大学で自律的に英語を使っている教員や院生に対
してインタビューを行い、そのインタビューをもとにインタビューの真髄に
せまります。インタビューは聞き手と語り手の双方によるシナジーと考え、
質的研究と量的研究の違いについて、また、質的研究の価値について論じて
います。柳瀬氏のブログ「英語教育の哲学的探究 3」(https://yanase-yosuke.
blogspot.com) にアクセスするとより深い理解が可能です。笹島茂氏は、
ティーチャーリサーチ(TR)を教師が無理なく毎日の実践と融合してできる
質的研究方法として、授業実践の事例をもとに具体的に提案しています。そ
の際に、リフレクシヴィティの視点を重視することを強調しています。さら
に、ただ単に研究だけではなく、TR の実践が教師自身の成長にも役立つこ
とを論じています。末森咲氏は、自分自身と質的研究の出会いをふりかえり
ながら、教師の動機づけの研究をどのように進めるかという過程を具体的に
報告しています。質的研究の進め方も明確にわからない段階でどのように工
夫したかは、質的研究を始める人に大いに参考になります。質的研究を追求
するにあたりだれしも必ず経験する通過点ですが、それがまた質的研究の魅
力でもあると述べています。続いて、守屋亮氏は、アドバイジングと社会文
化理論における *perezhivanie*(ペレジヴァーニエ)(認知と感情を表すロシア語)
という研究テーマを通して、どのように質的研究に行き着いたのかという自
身の探求の経験を語っています。特に、質的研究の「人間らしさ」という強
みに着目しています。

　次の 3 つの論考は、それぞれの質的研究の事例を紹介しています。

5. Literacy Autobiography を用いた英語教育・研究(飯田敦史)

6. L2 大学院生アカデミックエッセイ作成過程―認知プロセスと社会文化的
　　媒介の分析(上條武)

7. 実践者による質的英語教育研究―Reflective practice をめぐる理論と方法
　　(玉井健)

飯田敦史氏は、literacy autobiography（「語り（ナラティブ）」にもとづいた「自叙伝研究」）という手法を、どのように英語教育の研究に応用するのかについて自身の論文をもとに考察をします。特に、人間を対象とした質的研究で注目されている literacy autobiography を英語教育研究に用いる目的や意義、コーディングの具体的な方法などは、大いに参考になるでしょう。上條武氏は、英国大学院修士課程に在籍している第二言語（L2）大学院生を対象にアカデミックエッセイ作成の過程を調査しました。その大学院生の認知プロセスと社会文化的な要素をバランスよく調査し考察し、帰納法にもとづくリフレクシブなテーマ分析がより重要になっていくと述べています。玉井健氏は、リフレクティブ・プラクティスを用いた質的研究の特徴と、理論的基盤がよく理解できる研究例を紹介しています。リフレクティブ・プラクティスが、理論的基盤に裏付けられた実践研究法として発展していると述べ、具体的な事例にもとづいた詳細なプロセスを示しています。研究と実践の両面に裏打ちされた説明は説得力があります。

　このような質的研究実践の提案や事例は、質的研究をする上で大いに参考になると考えられます。フィールドや対象の関心は一見すると異なって見えるかもしれません。しかし、問題意識を明確に持ち、立てた問いに真剣に取り組んでいる姿勢には、共通するものがあります。Part III のこれらの実践が、さらなる学びの場を作り、よりよい英語授業の改善に役立つ質的研究の発展のきっかけとなることを期待します。

　ここに集録した論考はそれぞれ独立したもので、当然ながら各筆者の立ち位置も異なります。Part I と Part II とは必ずしも観点が一致しないかもしれません。また、それぞれの筆者の専門性を尊重し、用語の統一などはしていません。この点も、一面において質的研究の多様性の特徴を表していると考えてください。

1. 「英語ユーザーへのインタビュー」の経験から

柳瀬陽介

1.1　はじめに

　筆者は現在、勤務大学で自律的に英語を使っている教員や院生に対してインタビューを行い、それを大学のホームページで公開しています[10]。主な目的は、学部の 1 〜 2 回生に学術的英語ユーザーの実態を知ってもらって学びの指針を立ててもらうことです。インタビューは必ず英語にも翻訳し[11]、日本語に自信がない英語教育関係者にも読んでもらえるようにしています。英語の学びに関して大学全体で意識を共有することが重要だからです。

　慢心してはいけませんが、筆者はこのプロジェクトを、自分がこれまでに手掛けた英語教育の仕事の中で、もっとも価値が高いと思っています。これまで書いた論文や著作のどれよりも読者のために有益だと信じているからです。インタビューを行い、その書き起こしを編集したり翻訳したりすることは、「研究業績」としては認められないことは承知しています。私がやっていることはインタビューを実施して提示することであり、インタビューを使って独自の研究をしているわけではありません。ですが、このプロジェクトは、ある種の研究的素養なしには遂行できないとも自負しています。見る人が見れば、筆者の実践的な研究能力（＝教育実践を改善するための研究を行う力）についても評価してくれるのではないかとも期待しています。

　この稿では、そのインタビュープロジェクトの際に筆者が留意している原

---

[10]　日本語版は https://www.i-arrc.k.kyoto-u.ac.jp/english/interviews_jp 英語版は https://www.i-arrc.k.kyoto-u.ac.jp/english/interviews

[11]　インタビューの原則は日本語で行い、それを筆者らが英語に翻訳することです。またインタビューは通常、編集した書き起こしを掲載していますが、ノーベル賞候補でもある研究者へのインタビューの場合は本人の希望もあってビデオの録画・掲載（日本語・英語字幕付き）となりました。

則のいくつかを解説します。キーワードは「多様性」「家族的類似性」「歴史的叙述」「相互作用し合う主体」です。これらの原則の背後にはウィトゲンシュタインの哲学やホワイトの歴史学の考えなどがあります。

1.2 普遍性ではなく多様性

　インタビューで留意している最初の原則は、普遍性ではなく多様性の解明を目指すことです。

　普遍性は量的研究が目指している理想です。たしかにクラス内には個人差が、学年内にはクラス差が、地域内には学校差があるかもしれません。しかしそれらを平均化すれば「真理」(あるいは真理の近似値)が現れるはずであり、それは、程度の差こそあれ、どこにも適用可能であるはずだと量的研究者の多くは信じている(ようです)。「真理」を追求する以上、科学は普遍的な方法(＝誰がやっても同じ手続き)を採択しなければならないとも考えている(のでしょう[12])。

　ですがインタビューで筆者が記述したいのは多様性です。効果的な英語の学び方や使い方は、個人や専攻分野などによって異なると想定しています。多様性を尊重する背後には、人々の違いを丁寧に観察する方が、平均値などを基にして人間を標準化して理解するよりも、人間の実態の解明に迫れるという哲学(認識論)があります(柳瀬 2020；ローズ 2019)。インタビューで、通説とは異なる見解が表明された場合、筆者は決してそれを従来の考えに取り込んでしまったり、外れ値的な存在にしてしまったりして、定説の普遍性を保とうなどとはしません。むしろ、なぜそのような違いがでるのかといった興味を抱きながら、話を深堀りします。そこから通説では見られなかった考え方や感じ方が見つかることを期待するからです。

1.3 共通性ではなく家族的類似性

　「結果の多様性とは、結果がバラバラということではないか！そんなものは研究の結果とは呼べない！」とお怒りの方もいるかもしれません。ですが多様性とは、どんなパターンも見いだせないような無秩序(ランダム)な状態

---

12 「ようです」「のでしょう」といった表現を使ったのは、言語教育研究で量的方法を採択している人の中には、自らの方法論・認識論に対する自覚が乏しいように思える人がいるからです。

を指すのではありません。多様性は、構成メンバー全体を見た時に、さまざまな類似性が散在することが認められますが、すべての構成メンバーに共通する特徴が見い出せない状態です。

　ウィトゲンシュタイン（2020）は後期の著書『哲学探究』で、観察においては「何か共通なものがあるに**違いない**」と思い込んではならないと警告しました。日常世界は、（研究者が好んで想定する）論理学的に構成された人工世界ではありません。観察して見えてくる事態は、**すべてに**共通する何かではなく、いくつもの類似性がさまざまな箇所で現れている事態であるはずだ、とウィトゲンシュタインは説きました。『哲学探究』は、論理実証主義に決定的な影響を与えた自らの前期作品『論理哲学論考』の偏りを徹底的に批判した書でした。『論理哲学論考』は、自然科学における物の見方（哲学・認識論）を明示しました。しかし、それを人の営みすべてに適用することは深刻な誤りであり、人間に関する理解を歪めてしまうと『哲学探究』は説いたのです。

　観察結果に普遍性ではなく多様性を見出そうとすることは、次のことに気づくことです。―ある特徴がいくつかのデータにおいて見られるとしても、やがてその特徴は他のデータを見るにつれ消えてゆき、その他の特徴が現れてくる。さらに他のデータを見るなら、その特徴もやがては消え、また新たな特徴が見えてくる。どのデータも、独自の組み合わせで複数の特徴をさまざまな程度で有している。特徴の組み合わせと度合いの異なりを考えるならどのデータも特異な存在である。だが同時に、どれも異なり過ぎて、データの間に何の類似性や対比性も見られないというわけではない―。

　ウィトゲンシュタインはそういった事態を「家族的類似性」と呼びました。複数の世代にわたるさまざまな婚姻関係で構成される大家族のメンバーには、すべてに共通する特徴はないのですが、どこか似ておりその家族らしさが感じられます。「家族的類似性」はそういった事実に由来しています[13]。私たちが「ある集合には共通性がなければならない」という『論理哲学論考』のような考え方から解放された質的研究が見出す事態は、家族的類似性―さ

13　このように「家族的類似性」は、複数世代にわたる大家族（拡大家族）の事態に由来するものですから、この用語から、現代日本で代表的な核家族をイメージすることは誤解を招くことになります。そのため筆者はウィトゲンシュタインの用語は「親族的類似性」と訳すべきだと考えていますが、ここでは世間で通用している訳語を使いました。

まざまな類似点と相違点―なのです。

　インタビューでは、定説が当たり障りのない常套句で語られることも少なくありません。定説の普遍性や共通性を立証したいと考える聞き手なら、そういった発言を定説の裏付け証拠として歓迎するでしょう。ですが筆者は、語り手の言い方や表情から、語り手があまり深く考えずに発言したと思える時には、あえて質問を重ねます。「そうは言っても、○○の場合はどうでしょう」「××することはありませんか」などと尋ねて、語り手ができるだけ精確に言語化するように仕向けます。語り手が定説を支持するにしても、その他の定説支持者との違いを明確にしようとします。多くの人をインタビューすることによって、定説にもどのような変種があるか、定説以外の見解にはどんな意見がありそれはどのような理由で信じられているのかを記述しようとする。そうやってさまざまな類似点や相違点(家族的類似性)を示すことが質的研究だと考えています。質的研究は、雑多な世界を、論理学的に構想された人工世界の枠組みに無理に入れてしまうことはしません。

1.4　因果性立証ではなく歴史的叙述

　インタビューでは「○○したから××になった」といった因果的な断定に警戒します。インタビューは量的研究と違って、○○を行う実験群と行わない統制群を比較して因果性などを立証しません。そもそも筆者が言語教育研究における因果性立証をあまり信じていないのは、複合性（complexity）を重視するからです。具体的には次が理由です。(1) 研究が対象とする世界にはあまりに多くの要素がある、(2) その要素も論理学や集合論で想定されているように一義的に定義できるものではなく、家族的類似性で漠然と認識されているだけである、(3) それらの不画定的な要素の相互作用の結果を一般化することはできない、(4) 相互作用の数は莫大であり、かつ相互作用の順番によっても結果は大きく変わるので、事態の展開の予測は不可能である、という理由です。○○という原因も一律でなく、△△や□□といった他の要因も多く存在し、それらの相互作用の様子もよくわからないときに、○○が××の原因と断定するのは、知的遊戯ではないかと筆者は考えています。

　だから筆者はインタビューではむしろ「歴史的叙述」を行うように心がけています(ホワイト 2017)。歴史的叙述とは、「過去に実際に生じた出来事の真実に基づいた報告を、物語という形式において行うこと」です。物語は、

自然科学が取り上げない価値や登場人物の情動を扱い、その記述が多彩な文章表現に結実します。物語が描き出すのは、真か偽のどちらかでしかない「命題」ではなく、ある一定の現実を提示しながらもその背後にさまざまな可能性を示唆する「意味」です(柳瀬 2018)。歴史的叙述は、書き手と読み手が有している価値や情動に応じてなされます。ゆえに良心的な歴史的叙述家は、自らの価値観や情動を自覚しています。インタビューの書き起こしを編集・翻訳する際も、そういった自覚に基づいて行われねばなりません。さらには価値や情動が異なれば叙述も変わることを認識しています。歴史的叙述家が集まり、互いの認識法の違いを自覚しながら異なる叙述を比較検討することにより、多面的な現実が少しは理解可能なものになると筆者は考えています。

　さらに、歴史的叙述を目指すインタビューは「私たちは今後どうするべきか」という実践的な問題意識に基づいて行われます。ホワイトはこういった意識で捉えられる過去を「実践的過去」(practical past)と呼んでいます。英語ユーザーの英語の学習・使用を記述している筆者のインタビュープロジェクトの動機は、「私たちは今後どのように英語を学び使ってゆけばいいのだろうか」という実践的な問題意識です。単純な因果性の立証を信じていないので、「○○すれば××になる」とは断定しません。1つではなく多くのインタビューから多様で複雑な現実世界への洞察を得るべきだと考えています。

　こういった歴史的叙述の価値・情動自覚と複数性は、科学的論証の価値独立性(の標榜)と単数性とはまったく異なります。科学的論証は、いかなる価値にも基づかないとされています(価値独立性)[14]。科学的論証には「科学者」という一種類の登場人物しかいません(単数性)。異なる仮説を唱える複数の科学者がいたとしても、それらは真理が解明された際には合意に至る存在であるにすぎないのです。歴史的叙述が示す、複数の価値(の明示)、および世の中は異なる人間が共存していることにより成立しているという認識(複数性)は、科学的論証が通常有しない特徴です。

14　だが実際には科学も、その時代の常識的な価値―例えば自然開発やその逆の自然保護―にしばしば駆動されています。

1.5　客体ではなく相互作用し合う主体

　かくして筆者は、自らの実践的動機を明らかにしてインタビューに臨みます。かといって自分が信じる説に語り手を誘導したりしません。さまざまな語り手の多様性と家族的類似性を描き出そうと心がけます。おざなりな答えがなされたと思えば、丹念に質問を重ねてゆきます。

　そのようにインタビューを進めようとすれば、聞き手（インタビュアー）は語り手に信頼してもらわねばなりません。「この人は、自分のどんな意見も受け止めてくれるだろう」という安心感がなければ、語り手は本音も語らないし詳細も述べようとしません。とはいえ聞き手は自らの問題意識を明らかにしなければなりません。聞き手は語り手を、自分とは隔絶した客体（対象=object）とはみなさないし、語り手も聞き手を客体とはみなしません。インタビューは語り手と聞き手の主体的な関係性構築を基盤としています。

　聞き手は自らの主体性を示し、そのことによって語り手の主体性を引き出します。聞き手と語り手のそれぞれに異なる主体性が相互作用することにより、インタビューは聞き手にも語り手にも予測できない展開を生み出します。だからこそ、質的研究はさまざまな個性を必要とします。質的研究は、それぞれに個性的な主体と主体が相互作用を引き起こすことによって成立するのです。質的研究の成果は、家族的類似性で連なる多様性を示します。質的研究は、ある客体が共通にもつはずの普遍的な因果関係を立証しようとする量的研究とは、認識論においてまったく異なる研究なのです。

2. ティーチャーリサーチ (TR) の実践

笹島茂

　ティーチャーリサーチ (TR) は、Part I でその概略を述べました。TR は学びを支援し、教師が実践の中で無理なく遂行でき、教師自身の系統的、意図的な探索となり、英語教育に携わる教師にとっては有意義な研究手法です。TR はリサーチ方法を提示するわけではありません。Henderson, Meier, Perry, and Stremmel (2012: 3) は、TR について次のように述べています。

> Teacher research stems from teachers' own questions about and reflections on their everyday classroom practice. (TR は日々の授業実践についての教師自身の疑問とふりかえりに端を発する)

日本の英語教師の多くは英語の学習者です。英語の母語話者でもありません。英語を使うことには自信がないのです。母語話者でも英語が完璧にわかっているわけではありませんが、日常的な英語の使用においてはその経験値がまったく違います。英語文学、英語学、英語コミュニケーション、異文化理解を学び、指導法を理解すれば、英語教師が務まるわけではないのです。その点において、英語教師にとって TR は簡便であり、実践の中で役立つ質的研究アプローチのひとつです。

2.1　質的研究は TR のカギ

　TR には量的研究もあり当然重要ですが、質的研究が役立ちます。どちらにしても、目標を設定し、データや事実を収集して分析することは基本です。たとえば、生徒が英語学習に意欲を示さないという問題があるとします。生徒の意欲を喚起する学習内容を提示できているか、わかりやすいかどうか、生徒のニーズに合っているか、学習を阻害する要因は何か、教師自身に何か問題はないか、環境的な問題はないか、教師と生徒の関係性はどうか

など、すべてにおいて、データを収集し、分析し、ふりかえり、思考し、改善する複雑なプロセスが重要となります。原因は何かを探り、その解決策を考える上で、目標設定、指導方法、結果の検証などのプロセスだけを見ているだけでは十分ではありません。根拠のない思い込みは最も危険です。その点から、質的なアプローチは欠かせないのです。英語教育の主たる行為者（agent）は英語教師です。学習者中心の授業でも教師の意思決定（decision-making）が主体です。その教師がTRを意識的に理解していることは授業改善のカギとなります。つまり、質的研究の理解は欠かせないのです。

　その場合、根拠となる「信用・信頼に値すること（trustworthiness）」を示すことが重要です。数値を示すことはもちろんですが、教育分野の場合は、人を相手にするのでむずかしい点があります。ポイントは、どのようにしたら他者と根拠を共有できるかです。特にTRではプロセスを大切にします。要するに、正直に事実を積み上げ、それを誰もがわかるように提示する。検証や結論は明確に述べられなくても、他者が「腑に落ちる（make sense）」ように工夫する。誰もが納得する証拠と事実を提示し、その記述の分析のプロセスを明瞭に示す。この一連のTRのプロセスでは、特にリフレクシヴィティ（reflexivity）の理解と意識が欠かせません。量的研究が統計分析を利用し根拠を示すように、リフレクシヴィティは、事実を多角的に何度も考察することでひとつの根拠を示すことができます。その方法は決して一様ではありません。工夫次第です。その工夫のプロセスこそが、授業実践や学習指導にも応用可能であり、教師の力量形成にも重要な役割を示します。なぜかと言えば、教師は生徒に信用・信頼される必要があるからです。

2.2　質的研究とリフレクシヴィティはTRの柱

　リフレクシヴィティについて説明しましょう。日本語では「再帰性」と訳されますが、多くの考え方があり定義が明確ではありません。リサーチ分野では、リフレクション（ふりかえり）よりも厳密に考え、質的研究では調査者の主観的なバイアスを自覚する方法として重要と考えられています。教育においても、単にふりかえりをするだけではなく、自分自身を可能な限り客観的に多角的な視点で理解する意味で重要と考えられるようになりました。たとえば、教師と生徒との関係で、相性や好き嫌いは逃れようもない人間の性ですが、それを排除するために第三者的な目が必要です。それを常にあえて

意識する姿勢や態度が求められます。それを誰もが公正であると納得できるようにするには、リフレクシヴィティの視点が必要になります。質的研究は、TRでももちろんそうですが、このリフレクシヴィティを重視します。

　リフレクシヴィティの定義は様々ですが、わかりやすいのは次のような説明でしょう。ていねいに継続的に意識的にふりかえることなのです。

> If positionality refers to what we know and believe, then reflexivity is about what we do with this knowledge. Reflexivity involves questioning one's own taken for granted assumptions (cf. Finlay 1998). – https://warwick.ac.uk/
> （ポジショナリティが知るや信じることと関連するのであれば、リフレクシヴィティはこの知識を用いて何をするかです。リフレクシヴィティは当然と思い込んでいることに質問を投げかけることとかかわります）

この背景にあるのは、主観性の問題です。人は主観から抜け出ることはできません。必ず偏った見方をしてしまいます。だからこそ、主観を排除した客観的事実を積み重ねる量的研究は重視されるわけです。しかし、教育及び英語教育の世界では、教師と生徒や生徒と生徒など感情を持った人のかかわりを扱うので、それを客観化することは無理です。しかし、できる限り事実をていねいに多様な視点から考察することが、より正確な結論あるいは解決を導きます。リフレクシヴィティはその根底にある考え方の基本です。

　このように、質的研究とリフレクシヴィティはTRの柱となります。具体的にどのように実践するかは、次の項で例を示しますが、代表的な質的研究の作法はPart IとIIを参照してください。リサーチの基本は、(1) 課題を設定する、(2) その課題に関する文献を集める、(3) リサーチクエスチョンを立てる、(4) データ（成果物、記録、観察、ふりかえり、日誌、聞き取りなど）を収集する、(5) 同僚、生徒などの意見を聞く、(6) データを抽出・加工することでわかりやすくする、(7) 結果に考察を加え、さらに必要に応じてデータを収集する、(8) 一度まとめて発表し、意見を聞く、(9) 意見を取り入れ、修正してまとめる、などのプロセスが考えられます。TRでもこれを基本としますが、多様な方法とプロセスがあるので実際に即して工夫することが大切です。そのプロセスのあらゆる場面で、リフレクシヴィティを意識することです。人は必ず自分自身に心地よい方向に物事を考えるというこ

とを忘れてはいけません。その上で、簡単に結論づけることは避けることが肝要です。現実は常に複雑であり思うようにはいかないことを理解する必要があります。

2.3　TR の実践

　英語教育における TR は、(1) 英語という言語そのものの探究、(2) 英語の背景にある文化や文学などの内容の探究、(3) 英語授業指導に関する探究、(4) 生徒の英語学習に関する探究、(5) その他英語教育に影響を与える多様な背景に関する探究などが考えられます。総じて言えば、英語教師がかかわるすべての探究が対象です。ここでは、筆者自身が行なっている TR の実践を紹介しておきましょう。筆者は大学で英語関連の授業を担当していました。科目の名称は「Education in the World」です。筆者が関心を寄せる CLIL（Content and Language Integrated Learning）(内容と言語を統合した学習)関連の授業です。簡略化して言うと、「英語を学びながら、世界の教育を理解し、教育のあり方を考えること」が目標です。

　この授業は、新型コロナ感染予防のためオンラインと対面の両方で実施しました。授業の課題は次の 3 点です。

1. 英語と日本語をどのように使い授業をしたらよいか
2. 学生に英語をどのように意欲的に使うように促すか
3. 世界の教育の一端を英語で理解し考える

この課題に関連して授業改善を図るために TR を実施しました。まず、授業準備として教材を探すことから探究は始めました。学生は、世界各地の教育システムや言語教育についてアカデミックな文脈で理解していましたが、その内容を英語で学ぶ意義をどう把握するかがポイントになります。学生が興味を持つにはどのようなアプローチがよいかを考えました。さらには、そのような学びを通して学生が意欲的に英語を使うことをどう支援するかも工夫の余地があります。

　授業は、90 分を 1 コマとして半期 15 回実施しました。教材は、オンラインということも想定して主にウェブの題材を利用しました。授業の一応の流れは次のように設定しました。

- Greetings & introductory topics or review（あいさつ、導入、復習）
- Today's main education topic（to watch a video, etc.）（教育の話題）
- Understanding the topic（話題の理解）
- Discussing in groups（グループで話し合い）
- Questions & comments from students（学生から質問とコメント）
- Feedback from teacher（教師からのフィードバック）
- Tasks about some applied education topics（教育を応用したタスク）
- Students' presentations or writings（学生の意見発表）
- Summary（まとめ）

この授業では、教師は基本的に英語を使いましたが、学生は使用言語を好きに選べるようにしました。CLIL の授業構成をもとに英語使用を強制せず、「意味の交渉（やりとり）（negotiation of meaning）」を意識しました。当初の目標を指針として、英語と日本語の使用が自然な設定となるように、また、学生の発話が積極的になるように、日本と比較しながら教育を考える工夫をしました。そのプロセスで、成果物、発表、発言、活動の様子を授業観察し、それを記録しふりかえり、授業を少しずつ改善しました。

　この TR を通じて設定した 3 つの課題を考察し、次のような授業改善の方向性を確認することができました。

1. 英語と日本語を自然に使用する（tanslanguaging）環境を教師は工夫する
2. 学生に英語を使うことを強制しない、伝えたい意味内容を重視する
3. 学生が興味を示す教育内容を自主的に調べることを支援する

この方向性の「信用・信頼に値すること（trustworthiness）」を示すために、TR のプロセスを、データにもとづきリフレクシヴィティに留意し継続的に自問自答し、学生や同僚などと共有することで、バイアスを可能な限り排除しました。TR のこのようなプロセスの探求を研究としてまとめることは、単に研究のための研究ではなく、教師としての資質向上、学習者のための授業改善、CLIL の発展に大きく役立つと考えます。同様の事例は、「CLIL アプローチによる書く・話す活動の動機づけ要因の探索的試み」（北村・末森・

笹島 2022)¹⁵ で報告しましたので参照してください。

2.4　TR の意義

　TR には、「こうしなければいけない」というしばりはありません。もちろん、ナラティブやエスノグラフィーのようなリサーチ方法を用いることもできるし、アンケートなどをして統計分析する厳密な調査も可能です。しかし、時間を要します。その時間があれば授業のことを考えたいと思う人も多いでしょう。日々忙しい中でリサーチから遠ざかることはよくないと考えています。教えることとリサーチは表裏一体です。リフレクションは学校教育でも定着していますが、リフレクションやふりかえりを形式的にやっていても意味がありません。また、リサーチは一過性であってはならないと思います。継続が大切です。「腑に落ちる」内容であり、他者をも納得させるためには、実践に根ざした丹念な事実の積み重ねとデータの集積と分析と、リフレクシヴィティが大切です。数値や統計分析だけが科学的というわけではありません。柔軟な発想で教育実践という現実と向き合いながら TR を行うことは、教師や教育に携わる人が実践するには最も適した方法と思います。英語教育力を高めるための工夫に役立つ TR は、実践に役立ち、明日からでも行えるリサーチです。言語学、文学、心理学、社会学、教育、文化、学習など、教師は様々な研究に携わることが重要です。研究は多様で柔軟でよいのです。その意味から質的研究に興味を持つことは大切です。

15　東洋英和女学院大学学術リポジトリ『人文社会科学論集』39 号（https://toyoeiwa.repo. nii.ac.jp/）参照

3. 教師の動機づけ研究

末森咲

　QRCEE の研究会の発表時は、データ収集をどのように行ったかということについて中心に話しました。本稿では、博士論文執筆のために実施した、教師の動機づけ研究を題材に、どのように研究に取り組んだか、プロセスを中心に説明していきます。私自身、質的研究に取り組む中で、大変だったことのひとつは、どのように研究を進めていけば良いか、明確にはわからないということでした。プロセスを説明することで、質的研究に興味がある方にとって、参考になれば幸いです。

3.1　質的研究との出会い

　学部生時代に取り組んだ卒業論文が、質的研究との出会いでした。指導教官が質的研究を行っていましたので、私自身も自然と質的研究に取り組むようになりました。また、私の周囲には、質的研究に取り組む方が比較的多かったため、質的研究を行うことに躊躇することはありませんでした。そのような状況の中で、私自身、質的研究を軸としつつも、あくまで柔軟であることを心がけてきました。質的研究しかやらないという立場ではなく、量的研究の良さも認めた上で、質的研究を選択する、必要であれば量的研究も行うという姿勢で研究に取り組んできました。研究テーマ、目的に合わせ、研究方法を選択し、実施してきました。

3.2　実際に行った質的研究のプロセス

　博士論文で取り組んだ教師の動機づけ研究を事例として、実際どのように研究に取り組んでいったか、説明していきます。

3.2.1　テーマ設定

　まず苦労したのが、テーマを設定することでした。博士課程に入学した頃、私は明確なテーマを設定できていませんでした。動機づけなどの心理的側面に漠然と興味があるという状況でした。テーマを設定する上で難しかったことは、自分がどのように分野に貢献できるか考えることでした。第二言語習得における動機づけ研究は、かなり行われており、日本の中にも活躍されている先生方が多数いらっしゃいます。そのような中で、私にできることは一体何なのか、それを見つけるまで、少し時間がかかりました。

　ある時、Dörnyei and Ryan (2015) を読んでいた中で、以下に出会ったことで、教師の動機づけ研究に興味を持つようになりました。

> The ultimate aim of motivation research is always to explain student learning, and in order to associate the latter meaningfully with the motivation of teachers, we need to show first that an increase in teacher motivation leads to improved motivational practice on their behalf, which in turn promotes student motivation, which eventually results in enhanced student performance. While the chain is intuitively convincing, it is difficult to get empirical confirmation for it because of the manifold confounding variables at each connection level (Dörnyei & Ryan 2015: 101).

これを読んだ時、教師の動機づけと学習者の動機づけの関係性を見ていくことは、非常に興味深く、有意義かもしれないと感じました。その後、様々な文献によって理解を深め、また Ryan 先生など動機づけ研究者と実際にお話する機会もあり、教師の動機づけ研究の重要性を認識するようになりました。動機づけ研究が非常に活発に行われている中で、このテーマであれば、自分なりの貢献ができるかもしれないと感じることもできました。最終的に博士論文では、日本の中学校、高校で英語を教えている教師の動機づけを調査することになりました。研究では、教師のインタビューに加え、授業観察、教師が実際に教えている生徒対象のフォーカスグループインタビューを実施することで、先行研究よりも包括的に、教師のみの視点に頼らずに、教師の動機づけを理解することを目指しました。

3.2.2　データ収集と進め方

　この研究では、長期的な変化も見ていきたいと感じたため、1年間に渡ってデータ収集を行いました。まず、教師7名を対象に、それぞれ3–4回ずつ、インタビューを実施しました。そして、7名のうち2名を対象に、英語の授業観察をそれぞれ6回ずつ、またこの2名が実際に教えている生徒を対象としたフォーカスグループインタビューを2回ずつ実施しました。このようにデータ収集を行うにあたって、常に様々な準備に取り組みました。それぞれの教師との日程調整や、インタビューを実施する場所の確保、質問の準備、インタビューの書き起こし、データ収集に必要な機材（ビデオカメラ、ICレコーダー等）の準備、データの保存などにも取り組みながら、データ収集を実施しました。実際の論文には、データ収集前後の準備について、それほど記載されていない場合が多いですが、実際やるべきことは多々あります。

3.2.3　分析と執筆

　分析を行う上で、まず質的データ分析ソフト（qualitative data analysis software）の1つであるNVivoを使用し、データを整理することから始めました。今回の研究の場合、データ量が膨大だったため、ソフトを使用することにしました。ソフトの使用は必須ではなく、使用することで整理しやすくなる場合もあれば、そうでない場合もあると考えられます。私の場合は、ソフトを活用することで、データ整理がしやすくなったと感じました。例えば、コーディングを行う際、NVivoを用いると、何月何日に自分がそのコードを付けたのか、自動的に記録されます。また、NVivoには、PDFファイルだけでなく、動画をそのまま入れておくこともできます。NVivoを開けば、データが全てあり、細かいところまで記録されているという点が、私にとっては助けとなりました。

　執筆にあたって、一番苦労した点は、分析結果を文章としてまとめることでした。私の指導教官はアメリカ人であったため、まず日本語のデータを自分なりに英語にして、共有するという点が、非常に難しかったです。私の英語力では、全てを適切に英語にすることができていなかったのだと思います。実際の執筆は、指導教官とやりとりしながら進め、指導教官からは、「superficialだ」と言われ続ける日々でした。数ページずつ書いたものを送り、指導教官によるコメントがびっしりと書かれて戻ってきて、それを数日

かけて修正し、送る、このプロセスを繰り返していきました。私も非常に大変でしたが、指導教官にとっても大変だったことと思います。まさに共同作業で取り組んだ日々でした。

3.2.4　研究を進める上での支えや工夫

　特に質的研究の場合、活用できるものを活用していくことが重要ではないかと思います。私が何を活用し、どのように研究に取り組んでいたか、説明していきたいと思います。

・研究会や学会を通してのコミュニケーション

　修士課程の頃より、様々な研究会や学会に参加することで、指導教官の他にも相談できるネットワークを作っていくことができました。どんなことでも相談できるメンターのような先生方とコミュニケーションが取れる状況であったことは、研究を進める上で、非常に重要でした。研究会や学会は、敷居が高く感じるかもしれませんが、気軽に参加してみることをおすすめします。特に研究会は、比較的少人数で、距離が近いので、研究に対するフィードバックをたくさん得ることもできます。また、学会では、特にポスターセッションの場合、発表者の方とゆっくりお話しすることができます。私自身は、質的研究を行っている方を見つけ、どのように学び、取り組んでいるか、よくお話しさせていただいています。そうすることで、実際どのように質的研究に取り組めば良いか、有意義な情報を得ることができました。

・ 特に博士論文執筆中に参考にしていた文献

　質的研究の場合、研究のまとめ方がある程度研究者自身に委ねられているように感じます。「こういう風にまとめなくてはならない」という絶対的な指標がない中で、私自身はできるかぎり例を集め、それぞれの良いところを参考にしながら進めていました。例えば、博士論文は、10本以上目を通し、構成など、あらゆる観点から参考にしていました。以下、特に参考にしていた博士論文や書籍を紹介します。

・ 博士論文

　次の2つの論文が、内容面でも非常に参考になりました。どちらも動機づ

けをテーマとし、質的研究を行っている博士論文です。

Du, X.（2018）*From EFL, through EMI, to study abroad: The evolving English learning motivation of Chinese students in multiple learning contexts* [Unpublished doctoral dissertation]. The Chinese University of Hong Kong.

Kumazawa, M.（2011）*Vulnerability and resilience: working lives and motivation of four novice EFL secondary school teachers in Japan* [Unpublished doctoral dissertation]. Temple University.

・書籍

次の 2 つの論文のどちらも教室環境で研究が実施されています。内容、質的研究の記述に関して、特に参考になりました。

Henry, A., Sundqvist, P. & Thorsen, C.（2019）*Motivational Practice: Insights from the Classroom.* Studentlitteratur.

Sampson, R. J.（2016）*Complexity in classroom foreign language learning motivation: A practitioner perspective from Japan.* Multilingual Matters.

・質的研究関連

次の書籍は、コーディングの方法など、具体的に例が示されています。日本語で具体的に書かれている本は限られるため、参考になりました。

谷津裕子（2015）『Start Up』質的看護研究第 2 版. 学研メディカル秀潤社.

次は、質的研究で博士論文を執筆するにあたって、どのように取り組むと良いか詳細に説明されています。トピック選択から審査まで、博士論文執筆の最初から最後まで活用できる本です。

Bloomberg, L. D., & Volpe, M.（2008）*Completing your qualitative dissertation: A roadmap from beginning to end.* Sage.

3.3 これから質的研究を行う方へ

　前述のように、質的研究は比較的長いプロセスであり、なかなか先が見えないこともあるかもしれません。私自身、博士論文に取り組んでいた期間は、最初から最後まで先が見えず、何ひとつ確信が持てない状態でした。目的地は決まっているけれど、そこまでの道のりが全く記されていない、白紙の地図だけが手元にあるような感じでした。その白紙の地図を手に、様々な文献を参照し、たくさんの方々に助けていただくことで、自分なりに進むべき道を見つけ出すことができたように感じます。このプロセスは、大変なことも多かったですが、同時に、最も貴重な経験のひとつであったように思います。

　質的研究というと、複雑で捉え所がないというイメージがあるかもしれません。これまで質的研究を行ってきて感じるのは、この複雑さ、必ずしも明確な結論が出るわけではないかもしれない点こそが、質的研究の魅力ではないかということです。私自身、普段の生活の中で、0 か 100（all or nothing）かという視点で物事を考えてしまいがちですが、質的研究に取り組むことで、寛容に物事を見ることができるようになってきた気がします。質的研究に興味がある、やってみたいと少しでも思っている方には、恐れることなく、ぜひ取り組んでみていただきたいです。できることに取り組んでいくことで、必ず進んでいくことができますし、助けてくれる方々はたくさんいるはずです。質的研究に取り組むことで、豊かな視点を手に入れてみませんか。

4. *Perezhivanie* と向き合う言語学習アドバイジング

守屋亮

　言語学習アドバイジング（Advising in Language Learning）（以下、アドバイジング）は、アドバイザーとの対話を通して学習者に自律・主体性を促す取り組みのことです。学習者中心の教育観が普及して久しいですが、それに併せて高等教育でもアドバイジングやセルフアクセス（センター）を導入する機関が増えつつあります。本稿では、特に質的研究という観点を踏まえ、アドバイジングの特徴やその理論的支柱の1つである社会文化理論について概説し、筆者がどのようにして両者を研究テーマとするに至ったか経緯を簡単に説明します。研究者も1人の人間である以上、人となりを知ることでなぜ現在の研究テーマに辿り着いたのかが垣間見えてきます。筆者はそういった「人間らしさ」に魅力を感じています。研究（者）は、雲の上のような存在では決してなく、日常に遍在している身近な存在ということです。

4.1　言語学習アドバイジングとその拡がり

　アドバイジングでは、アドバイザーが学習者との対話を重視し、学習者の自律（autonomy）や主体性（agency）を促す教育実践をします（Mynard 2020）。学習者の自律や主体性が注目されてきた議論の背景には、学習者中心の教育観のみならず学習者の多様化や IT 技術の発展に伴う学習環境・学習リソースの拡充などがあります。それに呼応するかのように、生涯学習などの学習理論や広義の社会文化的アプローチ [16] の考え方が理論的な背景として着目されてきました。そのような背景があったからこそ、アドバイジングが実践例のみならず研究分野としても拡がっているのは時代の必然と言えるでしょう。

16　社会文化理論と表層的に共通する部分もあるが、哲学的背景を踏まえると厳密には似て非なるものである。そのため本稿では社会文化的アプローチと社会文化理論を明確に区別する。詳細は Lantolf et al.（2020）に詳しい。

基本は、アドバイザーと学習者が 1 対 1 のセッションで対話を重ねることです。多くの教育機関で取り入れられていますが、近年はそのセッション形式も多岐にわたります（Mynard & Kato, 2022）。一例として、1 対 2（paired advising）や 1 対多（group advising）のように同一セッション内で複数の学習者と向き合う形式があります。また、従来の対面形式ではなく文書アドバイジング（written advising）やオンラインアドバイジング（online advising）のように場所に依存しない形式もあります。他にも、学習者同士で行うピアアドバイジング（peer advising）や授業の一環として行う教室内アドバイジング（classroom-based advising）など様々な形式があります。アドバイジングは、潤沢な予算やリソースがあるところでしか行えないものではなく、導入する文脈に合わせてアレンジしていくことが可能です。筆者は、アドバイジングという分野に携わってから約 6 年、上述した形式はほぼすべて経験があります。これまで中学生や大学院生まで、英語学習者や日本に留学している日本語学習者など、600 名以上にアドバイジングを実施してきました。その中での試行錯誤が現在の経験に結びついているのかもしれません。しかし、アドバイジングの先行研究はまだ一部の形式（1 対 1 やオンライン）に限られ、日本ではそのほとんどが高等教育の文脈で実施されているのが現状です。学習者が多様であれば、それに応じてアドバイジングも多様であることが今後の発展として欠かせません。

4.2　社会文化理論における *perezhivanie*

　ロシアの心理学者ヴィゴツキーの社会文化理論（sociocultural theory）は、第二言語習得や外国語教育で盛んに言及されるようになりました。英語教育に携わっていれば、一度は最近接発達領域（zone of proximal development: ZPD）や媒介（mediation）といった用語を耳にしたことがあるでしょう。また、近年はテストを通して学習を促進していくダイナミック・アセスメント（dynamic assessment: DA）や言語の概念に着目した Concept-based Language Instruction（CBLI）（コンセプトを基盤とした言語指導）も日本の文脈で知られるようになりました。これらは社会文化理論と関連しています。これらを簡潔にまとめると、社会文化理論は人やモノなどを媒介にして外界とつながり、その外界との相互作用から、主体は成長するという考えを基盤にしています（Lantolf et al., 2018）。アドバイジングも共通した考えに基づいていま

す。事実、アドバイザーとの対話や対話の発端となるアドバイジング・ツールを通して、学習者は過去の学習についてふりかえり、現在の自己について内省し、未来の目標に向かってどうすれば適切かを協働的に考えていきます。対話や周囲の学習環境を重視するアドバイジングにとっても社会文化理論は大切です[17]。

理論と実践の融合を意味する英語で praxis という語があります。社会文化理論においては二項対立的に捉えられがちなものを、弁証法的に向き合う哲学が通底しています（Lantolf & Poehner, 2014）。必ずしも対立概念ではありませんが、一例として「理論と実践」、「指導と評価」、「自己と他者」などが組み合わせとしてよく挙げられます。これらを弁証法的に捉えたからこそ、社会文化理論では praxis、DA、ZPD といった考えが発展してきたと言えるでしょう。筆者は、その中でも認知（cognition）と感情（emotion）を弁証法的に捉える *perezhivanie* という概念に興味を持ちました。この *perezhivanie* という語はロシア語で「ペレジヴァーニエ」と発音されます。「生きられた経験」「心的体験」などが日本語の訳語として充てられますが、*perezhivanie* の意味としては部分的で定着したものはまだありません。同様の議論が英語でもあります。

筆者は、アドバイジングと *perezhivanie* を結び付けた研究に取り組んでいます。複雑な議論になるため詳細は省きますが、*perezhivanie* は「認知と感情の弁証法的存在である主体と環境」を統合体として捉え、両者の関係性を通して主体の成長を明らかにする概念（Fleer et al., 2017）と説明できます。つまり、「認知と感情」および「主体と環境」という2種類の関係を個別的ではなく、不可分で相補的なものとして高次に捉えて見えてくるものに着目するという発想です。学習者個人の認知と感情、学習者とアドバイザー、セッション内とセッション外の文脈といったそれぞれの多層的な関係を、アドバイジングと *perezhivanie* という観点から研究しています。

4.3　質的研究と私の *perezhivanie*

そこで本稿では、アドバイジングと社会文化理論における *perezhivanie* をど

17　近年は自己決定理論（Self-Determination Theory）に基づいたアドバイジング研究も盛んである（Mynard & Shelton-Strong, 2022）。

のように研究するに至ったかを述べることで、質的研究の理解の一助としたいと考えます。

4.3.1 社会文化理論、アドバイジングとの邂逅

筆者が社会文化理論に興味を持ったのは、高校時に英語を教えてくれた担任のA先生がきっかけです。当時から教職に憧れていた筆者は、授業を受けていて毎回工夫されているのが生徒目線からもよくわかり慕っていました。A先生からは英語というよりも「人として」大切なことをたくさん教わりました。A先生の指導はまさに社会文化理論に則ったものでした。事実、今でも何かに悩んだり迷ったりした時は「A先生だったらどうするか」と考えます。いつもそっと背中を押してくれる人生のお師匠さんとでも呼ぶべき存在です。このA先生との出会いがあったからこそ、人と人が織りなす可能性や、それを明らかにする社会文化理論に魅力を感じました。

アドバイジングに興味を持ったのは、大学院修士課程1年目の6月に同じゼミであるY先輩の発表を聞いた時です。当時、Y先輩の研究テーマであるアドバイジングを初めて知ったにもかかわらず、月並みな表現ですが初めて出会った気がしませんでした。というのも、筆者がこれまで10年近く関わってきたのは、放課後教室や家庭教師、個別指導の塾といった場で集団授業に馴染めない生徒ばかりでした。そういった一人ひとりの生徒に合わせて授業を進めていくことの困難さと、同時に溢れんばかりの魅力を生徒から学んできたため、アドバイジングという研究分野があることを知った時の衝撃は今でも忘れません。Y先輩の発表後、修士論文の研究計画に迷っていた筆者は導かれるようにアドバイジングの文献を読み込んだのを覚えています。

4.3.2 *Perezhivanie* の質的研究へと

質的研究に興味を抱いた契機は、アメリカの社会文化理論の研究会に参加したことです。修士課程1年目の11月に同じゼミで社会文化理論を研究テーマにしていたM先輩に誘われて参加しました。当時、自分の研究に関わるものとして社会文化理論やアドバイジングの論文を多数読んでいました。多くの論文は、数名の成長を詳らかに論じるものでした。しかし、筆者が当時受講していた授業では統計分析を前提としたリサーチ内容が多く、「最低でも被験者は30名は必要」とくり返し言われました。その時は質的研究や量

的研究という言葉が全く頭の中になく、自主的に読んでいる論文と授業で扱う内容のギャップにただ困惑し、自分の理解が間違っているのではないかと自信が持てませんでした。周囲に自分の研究の話をしてもどこか話が噛み合わずに何度も首をひねられ、自分は研究に向かないのではないかと、己の未熟さと不甲斐無さに涙したこともあります[18]。

　そんな折に参加したのが上記の研究会です。この機に少しでも気持ちを入れ替えられればという思いで参加した研究会ですが、結果として筆者にとっては今後研究を進めていく上で大きな心の支えとなりました。アメリカでの研究会ということもあり、日本からの参加者は M 先輩と筆者だけでした。さらに、修士の学生というのは筆者を含め現地校の学生スタッフ数名しかおらず、実質、外部から参加した修士の学生は筆者だけのようでした。だからこそ目立ったのか、研究会のチェアーである J 先生はとても暖かく迎えてくれました。また、レセプションでどうやって話に入っていけば良いのかわからずオロオロしている筆者を気にかけ声をかけてくれました。そこで交わした研究の話が筆者にとっての転換点でした。その J 先生に、社会文化理論にもとづいたアドバイジングを研究していることや、研究デザイン、特に学習者の感情に焦点を当てている旨を話すと、深く頷いて「make sense」と言ってくれたことをよくおぼえています。それは、筆者にとっては自分の研究が初めて受け入れられたと思える瞬間でした。この時から自分の研究に少しずつ自信を持てるようになりました。その際に、J 先生が「感情に興味があるなら *perezhivanie* という言葉を調べてみたらどうか」とアドバイスしてくれました。それまでは、文献で目にしたことはあってもよくわからずあまり気にも留めなかった用語でしたが、おかげで私事として *perezhivanie* を認識できるようになりました。このように、この研究会に参加したことが、筆者自身が社会文化理論的な成長につながったと言えます。

　その他にもこれまで様々な人や研究分野との出会いがありました。それらが、現在の研究テーマ（アドバイジングと *perezhivanie*）へと結びついています。そのどれもが私にとって欠かせない *perezhivania*[19] です。

18　同様のエピソードは『質的心理学フォーラム』(11 巻、pp.78-79) でも触れている。
19　*Perezhivanie* の複数形。

4.3.3　人と向き合うことによる collectividual な成長

　筆者が、*perezhivania* を通してどのように研究テーマを形成したのか。ま
た、なぜそれを質的研究で明らかにする必要があったのか。このような探求
のプロセスこそが、筆者自身の成長と質的研究をすることに大いに役に立っ
ています。このように質的研究を成り立たせるためには、研究者自身の経験
も欠かせません。質的研究にどこか難しさを感じてなかなか取り組めない場
合、自身の経験をふりかえることが大切です。研究として大切にしたいテー
マや哲学的スタンスなどを改めて認識することが質的研究の第一歩だからで
す。その際には、決して忘れてはいけないことは、研究の基礎をおろそかに
しないことです。

　質的研究では人間の成長を見ます。それは、対象となる参加者だけでな
く、自分自身も見つめ、自分自身とも向き合っていく必要があるということ
です。時折研究の途中で、「なぜあんなことを言ってしまったのか」と自分
の「声」と向き合うのに嫌気が差すこともあります。が、社会文化理論では
「自己と集団」を弁証法的に捉えた collectividual という用語があります。質
的研究を通して筆者自身が、これまで出会ってきた人たちと酸いも甘いも含
めて collectividual な成長ができたのは、研究者、ひいては人として得難く、
どこまでも「人間らしい」経験かと思います。また、このような人間観に立
脚できるのも質的研究の大きな強みと言えるでしょう。

5. Literacy Autobiography を用いた英語教育・研究

飯田敦史

　Autobiography は、一般的に「自叙伝」と訳されることが多いですが、人間を対象とする研究においては、当事者の「語り（ナラティブ）」に基づいた「自叙伝研究」の意味で使われます。そして、この「自叙伝研究」の中には、自身のリテラシーの習得や発達過程を振り返り、その過程での経験や苦悩を当事者が言語化するものがあります。これが literacy autobiography と呼ばれる研究手法です。しかし、literacy autobiography と英語教育・研究はどう関係しているのでしょうか。Literacy autobiography と英語教育・研究との関連性がうまく結びつかない人も多いのではないでしょうか。そこで、本稿では、昨今、人間を対象とした質的研究で注目されている literacy autobiography に着目し、literacy autobiography を英語教育・研究に用いる目的・意義を議論していきます。ここでは、Fujieda and Iida（2014）で報告されている literacy autobiography を用いた実証研究に基づき、どのように英語教育・研究に応用するのか、特に、データ収集方法、分析方法、分析結果報告の仕方について解説していきます。

5.1　英語教育における Literacy Autobiography

　まず、autobiography の定義を考えてみましょう。多くの辞書の中で、autobiography は、第一語義として「自叙伝」と紹介されています。このことから、多くの人が、著名人が出版している「その人の生い立ちを綴った文章」を連想するのではないでしょうか。そこで、「自叙伝」の意味を調べてみると、「著者自身が経験、見聞した事件を家庭的、社会的背景のなかで時代を追って語りながら、自己反省や感想をまじえて記述するもので、全体として著者の精神的成長、遍歴をうかがうことができ、すぐれたものは自叙伝文学としての価値をもつ」（ブリタニカ国際大百科辞典小項目事典　313）と解

説してあります。ここでの大切な考え方は、自叙伝は日記やジャーナルのようにこれまでの出来事をただ綴ったものではなく、「自己反省や感想を交えて記述するもの」であり、「著者の精神的成長、遍歴をうかがうことができる」という点です。

　では、この観点を英語教育・研究に応用して考えてみましょう。例えば、あなた自身はこれまで英語をどのように学習してきましたか。どのような先生と出会い、どのようなリソースを活用して英語を習得しましたか。あなた自身の語り（ナラティブ）、つまり、あなたの英語学習経験に関するautobiography は、日本で英語を外国語として（English as a foreign language, 以下 EFL）学ぶ学習者の目標言語習得過程を明らかにする貴重な事例となるのです。　また、EFL 学習における母語の使用や母語の役割に着目し、それらの経験も含めて autobiography として記述してもらうことで、2 つの言語を持つ二言語話者の特異性についての事例をも明らかにすることが可能となります。つまり、母語と外国語がどのように関わり合い、2 つの言語を深層でつなぐリテラシーが発達してきたのかという経緯についても、重要な示唆が得られることが期待できます。このように、外国語学習者が、自身の言語学習経験や言語使用経験を振り返り、内省を交えて綴った語りの文章が literacy autobiography と呼ばれるものになります。昨今の英語教育・研究の分野においても、Canagarajah（2022）がこのジャンルに着目し、多言語話者（multilinguals）が作成した literacy autobiography の分析から、コード・メッシング（code-meshing）やアイデンティティー（identity）の変容といった第二言語習得に関する様々な問題に言及しています。このように、literacy autobiography 作成活動は、日本ではあまり浸透していませんが、学習者を取り巻く複雑化する学習環境をより良く理解する上で有益なアプローチであると考えられます。

5.2　Literacy Autobiography を用いての質的研究アプローチ

　本項では、literacy autobiography を用いた質的研究を紹介していきます。Fujieda and Iida（2014）の事例研究に基づき、研究目的と研究課題の設定の仕方、データの収集及び分析の方法、そして分析結果報告の仕方について詳細に解説してきます。

5.2.1 研究目的と研究課題

　前項でも述べたように、literacy autobiography は個々の学習者の英語学習経験の特徴を解明したり、学習経験を通じて見えてくる様々な問題点を調査したりするのに適した研究手法です。Pavlenko（2007）は、autobiography を "life stories that focus on the languages of the speaker and to discuss how and why the language is acquired, used, or abandoned"（165）と定義づけしています。つまり、autobiography は、言語使用者のライフ・ストーリーであり、言語がどのように習得され、使用されるのか、あるいは、放棄されるのかを綴ったものになります。この autobiography 特有の性質を考慮し、研究課題を設定する必要があります。

5.2.2 データ収集方法

　Literacy autobiography は、学習者が作成したエッセーやライティングがデータとなります。授業の 1 つの課題としてこのタスクを設定しデータを集めることもできますが、授業外で個々の学習者に literacy autobiography を作成してもらうこともできるでしょう。Fujieda and Iida（2014）では、国内の私立大学で開講された Second Language Literacy という選択科目の中の 1 つの課題としてデータを収集しました。それでは実際に、どのようにデータを集めたのか見ていきましょう。

　次の図が示す通り、履修者は 12 週間をかけて literacy autobiography を作成していくわけですが、小学校・中学校・高等学校・大学の 4 つの期間に分け、それぞれの期間における言語学習経験を 3 週間かけて作成していきます。何をどのように書いたらいいのかわからない学生もいますので、まずは主題を設定します（Set Themes）。ここでは、小学校における言語活動について見ていきます。

　最初に、授業内での学びと授業外での学びについて焦点を当てるように指示をし、学生はそれぞれの場面において「どのような活動をしていたのか」「誰と学習していたのか」「どのように言語を使用していたのか」等を振り返ります（Reflection）。これでも漠然として書きにくい場合には、「小学校の外国語活動で最も印象に残っている授業」について振り返ることもできるでしょう。次に、執筆活動（First Draft）に取り掛かります。ここでは、リフレクション活動を通して回想した出来事を追体験する感覚で文章を作成して

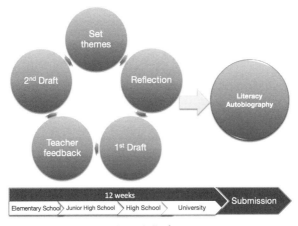

図　データ収集プロセス

いきます。自分の感じたこと、どんな気持ちで言語学習に取り組んでいた
のか、どうしてそのような感情を抱いていたのかを自由に書いていきます。
First Draft が完成したら、次に Teacher-Student Conference（teacher feedback）
を行います。ここでは、教員と個々の学生が自由に意見交換をする場とな
り、教員は評価者としてではなく、一読者として助言をし、学生にとって
より深い振り返りができるような質問をしていきます。例えば、学習者を
取り巻く環境の視点から、クラスの雰囲気はどうだったのか、担任あるい
は ALT との関係性はどうだったのか、等の質問を問いかけることもできる
でしょう。この Teacher-Student Conference での話し合いの内容を付け加え、
Second Draft を作成し、小学校での言語学習経験に関するエッセーを完成さ
せていきます。この一連の過程を 3 週間かけて行います。同様に、中学校、
高等学校、大学での言語学習経験について振り返り、literacy autobiography
を作成していきます。

5.2.3　データ分析方法

　収集した literacy autobiography は、コーディング（coding）によって言語学
習経験の主題を抽出していきます。応用言語学における質的研究では、コー
ディングは以下のように定義づけされています。

Coding is one aspect of data analysis. When researchers code, they are trying to make sense of the data by systematically looking through it, clustering or grouping together similar ideas, phenomena, people, or events, and labeling them. Coding helps researchers find similar patterns and connections across the data.（Heigham & Croker 2009: 308）

この引用文より、コーディングを通して、私たちはデータに含まれる類似した考え、現象、人々、出来事等の情報を紐付けし、ラベルづけを体系的に行うことで、共通する特徴や関連性を見つけ出すことができる、ことがわかります。それでは、コーディングの手順を細かく見ていきましょう。本稿では、Hanauer（2001）と Iida（2012）の質的研究で使われた分析方法に着目したいと思います。この分析方法は、データ整理（Data Preparation）、初期分析（Initial Analysis）、コーディング・システムの構築（Establishing a Coding System）、パターン分析による主題抽出（Pattern Analysis）の 4 段階から成ります。

5.2.3.1　データ整理

　分析をする上で、まずデータの整理が必要になります。データ整理は収集方法によって作業手順が変わってきます。手書きによるデータの場合には、Microsoft Word を使って書き起こしをする必要があり、電子ファイルを回収している場合には、そのままデータ分析に回すことができます。いずれにしても、この段階でデータに一通り目を通し、どのような内容が書かれているのかあらかじめ把握しておくと次の段階に円滑に進めます。

5.2.3.2　初期分析

　データ整理後、1回目の分析に入ります。この分析では、暫定的なコーディング・システムを作成することを目標とします。それでは実際に、ある日本人英語学習者が作成した literacy autobiography を例に、分析をしていきましょう。

1	When I was second year student in junior high school, I tried for Eiken 4th grade.
2	It was quite difficult for me at that time. I read Eiken textbook many times. The prize
3	for passing Eiken 4th grade was joining summer camp in the U.S. so I tried very hard for
4	Eiken, and I passed it.
5	After Eiken exam, I went to the Washington states and joined a summer camp at
6	there. With the knowledge of Eiken 4th grade, I could not understand what people were
7	saying and I could not communicate well with others. In the summer camp, there was a
8	program to read English. The program was not only for foreigners, but also for natives.
9	I had to read English aloud sometimes, but I could not read well so some of other
10	participants helped me to read. Though I could not understand the each English word, I
11	began to read English barely. I practiced to read English words aloud even I did not
12	know how to pronounce them properly with friends' helping. I think this helped me to
13	understand how English words were pronounced.

　第一段落（1-4行目）では、この学習者が中学校時代に英検4級を受験した経験について語られています。どうして英検4級を受験したかという理由・目的も、"The prize for passing Eiken 4th grade was joining summer camps in the U.S."（3-4行目）と明確に書かれています。また、言語使用の観点から、"quite difficult"（2行目）と "tried very hard"（4行目）が使われており、この学習者にとって英検は難しく、挑戦しているということが読み取れます。また、"I read Eiken textbook many times"（2行目）という文章から、どのように勉強していていたのかもわかります。これらの分析を踏まえ、暫定的に、目的に関する内容には Purpose、言語教材に関する内容には Learning Material、学習者の感情や思いに関しては Emotion などとコーディングすることができます。同様に、第二段落も一文一文を丁寧に読み進め、内容を理解した上で暫定的にコーディングをしていきます。

5.2.3.3　コーディング・システム構築

　それぞれの文章に暫定的にコーディングをした後、もう一度最初からデータを読み返します。すでに言語学習における顕著な特徴を示す単語・表現・文章にはコーディングがされているはずですので、ここでは特に、各コードの関連性やつながりを意識しながら、分析作業を続けていきます。

1	When I was second year student in junior high school, I tried for Eiken 4th grade.
2	It was quite difficult for me at that time. I read Eiken textbook many times. The prize
3	for passing Eiken 4th grade was joining summer camp in the U.S. so I tried very hard for
4	Eiken, and I passed it.
5	After Eiken exam, I went to the Washington states and joined a summer camp at
6	there. With the knowledge of Eiken 4th grade, I could not understand what people were
7	saying and I could not communicate well with others. In the summer camp, there was a
8	program to read English. The program was not only for foreigners, but also for natives.
9	I had to read English aloud sometimes, but I could not read well so some of other
10	participants helped me to read. Though I could not understand the each English word, I
11	began to read English barely. I practiced to read English words aloud even I did not
12	know how to pronounce them properly with friends' helping. I think this helped me to
13	understand how English words were pronounced.

　上記の分析から、大きく3つの内容が見てとれます。1つ目の共通点は、点線の箇所が示すように、passing Eiken 4th grade（3行目）、Eiken exam（5行目）、joined a summer camp（5行目）の表現が「英語学習の目的（Learning Purposes: LP）」に関係しています。より細かく見ると、コンテクストが変わっていることもわかり、日本での資格試験のための勉強とアメリカ・ワシントン州での言語使用経験という情報も抽出できます。2つ目の共通点は、波線で示した「読む」という行為です。前過程でのコーディングの際は、Learning Material とラベル付をしましたが、read English textbooks many times（2行目）、read English（8行目）、read English aloud（9行目）、read English words aloud（11行目）と「読む行為」あるいは、「読み方」に焦点が当たっていますので、「言語活動としてのリーディング」あるいは「学習アプローチ（Learning Approaches: LA）」として分類することができます。また、このリーディング活動に関しては、第一段落と第二段落で述べられている活動は性質が異なると捉えることができ、「黙読」（第一段落）と「音読」（第二段落）と細分化できそうです。3つ目の共通点は、下線で示した言語学習の「難しさ」、あるいは「感情（Emotions: EM）」に関する記述です。英語学習や言語活動の「難しさ」は、It was quite difficult for me at that time.（2行目）、I could not understand what people were saying and I could not communicate well with others.（6-7行目）、I could not read well（9行目）、I could not understand the each English word（10行目）等の文章から読み取ることができ、1つの主

題としてグループ化することができます。

5.2.3.4　パターン分析と分析結果の提示

　データ分析の最終段階では、これまでの分析過程で見えてきた特徴から主題を抽出し、各主題がどのような意味を「持つ」のか定義づけをしていきます。下の表のように、コード（code）、主題（theme）、定義（definition）、例文（sample sentence）の項目を設け、分析結果をまとめていきます。

表　分析結果のまとめ

コード	主題	定義	例文
LP	学習目的	どうして言語を学習（使用）しているのかについての記述	The prize for passing Eiken 4th grade was joining summer camp in the U.S. so I tried very hard for Eiken.
LA	学習アプローチ	どのように言語を学習（使用）しているのかについての記述	I practiced to read English words.
EM	感情	言語学習（使用）の際に感じたことについての記述	When I was second year student in junior high school, I tried for Eiken 4th grade. It was quite difficult for me at that time.

　コードの欄には、コーディングをしていく上で使用した実際のコードをすべて記入していきます。主題は、コーディングによって見えてきた共通する項目を記載します。定義は、その主題の特徴を簡潔にまとめ、それが何を意味しているのかを説明してきます。ここで大切なことは、他の主題との違いを意識して定義づけをすることです。データの量が膨大になると、似た主題が抽出されることもあります。その場合、主題間の特徴の違いがわかりにくくなることがありますので、読み手や他の研究者にも一目でわかるような定義づけを心掛ける必要があります。そして最後に、その定義を示す実際の文章をデータから抜粋し、例文として提示をします。こうすることで、データをどのように分析し、分析結果から何が言えるのかを明確に示すことができます。

5.3　研究を行う上での留意点

　本稿では、英語学習者が自身の英語学習体験を綴った literacy autobiography

を扱い、それをコーディングという手法で分析することで、目標言語習得過程を明らかにする方法を解説してきました。今回の方法論もそうですが、質的研究を行う上で、特にリフレクシビティ（reflexivity）という概念が大切になってきます。この概念は、「研究者としての個性、個人的関心、価値観、これまでの経験等が、研究の最初から結果にまで影響を与えていることを認識し、研究プロセスを通して、自身の主観性がどのように研究に影響を与えているかについて自覚」（髙木 2016: 132）することを意味します。前節で述べた一連のデータ収集及び分析の過程は、本稿の筆者でもある一研究者の視点からのアプローチであり、同じデータを見ても別の解釈をし、異なるコーディングをする研究者もいるでしょう。これが質的研究の醍醐味であり、難しいところでもあります。コーディングをする際には、他の研究者が見てもきちんと理解できるように、また自身が作成したコーディング・システムを他の研究者と共有できることを意識しながら、1つ1つの工程を丁寧に提示していく必要があります。

　質的研究を実施する上で、「妥当性（validity）」を高めることは極めて重要です。妥当性とは、「研究者が測定しようとしているものを正確に測定しているかどうか」という指標で、「同じ調査を同じ人に対して何度行ってもほぼ同じ結果が得られるかどうか」を示す「信頼性（reliability）」とは区別されます。上述したように、質的研究は、研究者としての個性や価値観、これまでの経験が重視され、研究結果に影響を与えうる変数を統制しようとするのではなく、研究参加者のありのままの意思が重要となるため、信頼性よりも妥当性を高める努力が必要となります（大谷 2019）。もし、質的研究において複数の研究者と共同研究を行う場合は、「自分が測定しようとしているものを共同研究者も網羅しているかどうか（内容的妥当性）」、「あるコーディング法が、自分たちが測定しようとしている概念・特性をどのくらい適切に反映しているか（構成概念妥当性）」に十分に気を配り、コーディングのトレーニングを行うことが重要な出発点となります。

5.4　まとめ

　本稿では、英語教育・研究の中で literacy autobiography を使用する目的と意義を整理し、実証研究の観点から、データの収集方法、分析方法、そして分析結果報告の仕方について解説をしてきました。Literacy autobiography

は、日本における英語ライティング（EFL writing）教育の中で未だ深く浸透していないジャンルではありますが、過去の英語学習経験を振り返りその内容を丁寧に綴ることで、個々の特徴、学習環境の特異性、さらには言語使用に関わる様々な課題や問題点に気づく（再発見する）ことができるという点において効果的なアプローチであると言えるでしょう。また、literacy autobiography をデータとして扱う場合には、コーディングによって主題を抽出する過程の中で、繰り返しデータと向き合い、それぞれのコードが何を意味し、どのように定義づけられ、それがデータの中でどの記述に該当するのかを明示的に説明することが大切です。

6. L2 大学院生アカデミックエッセイ作成過程
―認知プロセスと社会文化的媒介の分析

上條武

6.1　アカデミックエッセイ作成過程とは―背景

　大学教育課程で使用されるアカデミックライティングでは、学生は教養科目および専門分野で学習した知識を伝達する (knowledge-telling) だけでなく、知識を変形する (knowledge-transforming) という視点により自分の学習成果を示すことが必要とされています (Bereiter & Scardamalia, 1987)。この学習目的のために、学生は関連する文献を選別して、読解により分析、評価して、授業課題または論文としてエッセイを作成します。アカデミックライティングの中でも、議論形式のアカデミックエッセイは、学術文献を批判的に読み、エッセイにまとめる知識変形が必要になるためにアカデミックワークとしての重要度が高いものです (Ryshina-Pankova 2014; Wingate 2006, 2012)。選別した文献からの学術的な情報を有効に要約や引用によりエビデンスとして使い議論構成をすることから、このアカデミックライティングはエビデンスベースのエッセイ (evidenced-based essay) と言われています (Wingate 2006, 2012)。Ryshina-Pankova (2014) は文献使用による学術的な議論構成 (academic argumentation) を特別なものにしているのは、自分の見解となる議論構成に際して、先行研究をエビデンスまたはカウンターエビデンスとして使用するように努めること (engagement) だと提唱しています。議論形式のアカデミックエッセイ作成は、文献をエビデンスとして使って書いていく過程を含むために、Writing from sources, Reading-to-write などと表現されています (Cumming et al. 2016)。

6.2　アカデミックエッセイ作成過程の議論構成モデル

　Wingate (2012) は、学術的な議論構成に基づくアカデミックエッセイ作成過程のモデルを提示しています。これらは、(1) 課題に関連する文献選別と

情報評価、(2) アカデミックディベートにおける議論構成、(3) ライティングのテクニックを使用して議論を提示するということです。始めに、学生は課題に関連する複数の学術文献を選別して、分析と批判的な評価を行います。次に、文献を読みながら研究者の議論（academic debate）をみきわめ、それらについて比較評価により自分自身の議論を構成します。ここでは先行研究をエビデンスに使用して議論を強化させます。最後に、議論をまとめるために、フォーマットに合う論理展開と表現を使ってエッセイが作成されます。Wingate (2012) によるアカデミックエッセイ作成過程と議論構成は下記のようになります。

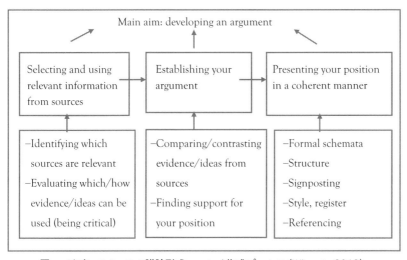

図　エビデンスベースの議論形式エッセイ作成プロセス (Wingate 2012)

Wingate (2012) により提唱された議論形式アカデミックエッセイ作成過程では、学生が学術文献を選別し、比較分析と批判的読解により議論構成することが非常に重要です。別の論文で Wingate (2006) は、議論構成に際して学術文献を引用することについて、文献引用をなぜ、いつ、誰を対象に行うか認識することが必要であり、引用は、(a) エビデンスを提示する、(b) 研究分野における他の研究者の先行研究の認識を示す、(c) 考えにより妥当な学術的権威を付与する、(d) 知識構築につながる、ことを指摘しています。Wingate (2006) は、学術的な文献の引用とエッセイの議論構成について、学生は現存する知識体系への批判的な見解から先行研究をエビデンスとして使

い、新規の知識構築に取り組むことを理解すべきとしています。

6.3　研究課題—L2大学院生アカデミックエッセイ作成過程

6.3.1　関連する先行研究のレビュー

　2000年代から2010年代にかけて、ジャンル分析 (genre analysis) はアカデミックエッセイ作成の調査でも主要なものとなりました (Cumming et al. 2016)。さらに2000年代以降には、英語圏において大学院で海外留学生が急増したこともあり、大学院に在籍するL2 (英語を第2言語とする) 学生を対象に、アカデミックエッセイ作成過程での認識について多くの研究が実施されています。これらはジャンル分析の手法にもとづいて2つのアプローチに分けることができます。まずは、アカデミックエッセイ作成の課題で、大学院モジュール担当教員の評価とそれを満たすためのL2学生の認識と作成したエッセイにおける文献の引用、参考文献など使用の調査です (Harwood & Petric 2012; Petric 2012; Petric & Harwood 2013; Yeh 2012)。次にL2大学院生作成のエッセイ評価をする教員への認識と関連するライティング方略の使用です (Cabrejas-Penuelas 2008; Ma 2018; Negretti 2017; Wong 2005)。

6.3.2　研究課題と調査対象コンテクスト

　ジャンル分析はライティングのプロセス理解には有効ですが、先行研究では大学院課程に在籍するL2学生のアカデミックエッセイ作成過程について根本的な課題が調査されていません。つまり、Wingate (2012) によるアカデミックエッセイ作成過程と議論形成の枠組みから、L2学生は選別した文献の批判的リーディングにより、その内容や引用をエビデンスとして使って議論構成するための認識が必要ですが、ここが探索されていません。このような先行研究の背景を受けて、2017年9月下旬から2018年3月末まで英国大学院における学外研究において、私はこの研究課題に取り組むこととしました。この英国大学院で私は客員研究員として研究に携わり、修士課程MA TESOL/ELT (英語教授法修士) 在籍のL2大学院生対象に調査を実施しました。リサーチクエスチョンはアカデミックエッセイ作成過程で成功したL2大学院生の認識はどのようなものかということで、エッセイ作成過程の文献選別、批判的リーディング、エッセイ議論構成に焦点を当てて調査を行いました。

6.4 研究手法―テーマ分析（Braun & Clarke 2006, 2017）

　2017年10月初旬に大学の研究倫理委員会（Ethics Committee）あてに研究課題と関連書類を提出しました。これは研究課題、参加者へのインタビュー案内、説明書、同意書、質問などのチェック項目でした。倫理委員会より承認を得た後に、大学院修士課程MA TESOLのコースモジュールを聴講して、在籍するL2大学院生にインタビューの参加募集案内を行うという手順を取りました。大学院修士課程MAコースで6名のアジア地域出身のL2学生が参加に合意しました。

　データ収集としては10月中旬から11月上旬に1回目、2月中旬から3月上旬に2回目のインタビューを実施しました。初回インタビューでは、L2大学院生の学部時代の学習経験、直前準備コース、MA入学後における学習経験を聞きました。主に文献のリーディングについて質問しました。参加者のL2学生は1月始めに課題であるエッセイを提出して、1月下旬にエッセイの成績評価を受けました。そこで2回目のインタビューでは、エッセイ作成準備と使用した主要な学術文献は何であり、それらをどのように読み、いかに議論構成を行ったかという質問をしました。

　データ分析では、Braun and Clarke（2006, 2017）によるテーマ分析（thematic analysis）を使用しています。始めに全体でインタビューをした6名のL2大学院生の中で、2名が授業内エッセイ課題で非常に高い評価を受けていました。そこで2名の大学院生を対象にした1回目、2回目のインタビューデータすべての書き起こしを行い、詳細な分析への準備を行いました。次に2名のL2大学院生の文字データについて、1行または数行レベルで意味をコード化（切片化）するオープン・コーディングを行いました。その後L2大学院生の文献選別、リーディング、議論構成について、帰納法によりカテゴリー化、テーマ抽出を行い、リフレクシブな視点により総合的な分析結果にまとめました。

6.5 結果と考察―認知プロセスと社会文化的媒介の分析
6.5.1 カテゴリー化と上位レベルのテーマ分け

　ここでは高い評価を受けた2名のL2大学院生についてカテゴリー分け、テーマ、その解説という順序で分析結果を記載します。まず1回目と2回目のインタビューデータについて、オープン・コーディングによりチェックを

入れたコードをそれぞれカテゴリー化により分類しました。

・インタビューデータのカテゴリー化
1.　1回目のインタビューデータ
　　（a）学部、準備コース、修士課程の始めの学習経験
　　（b）ライティングのための批判的リーディングへの気づき
　　（c）関連した文献のリーディング
2.　2回目のインタビューデータ
　　（a）ライティングのための批判的リーディングへの理解
　　（b）議論構成と文献選別のプランニング
　　（c）関連した文献のリーディング
　　（d）主要となるレビュー論文のリーディングと評価

　　これらのカテゴリーの中で、以前までの学習経験と一般的な文献のリーディングには他の平均的な評価を受けていた大学院生と高い評価を得た2名の大学院生に大きな違いは見られませんでした。しかし、他のカテゴリーでは2名の大学院生はその認識、方略などの認知プロセスで他大学院生とは違う際立った特徴が見られました。その結果、下記4つのテーマとして抽出しました。

・上位レベルのテーマ分け
　　カテゴリーの類似点と相違点を検討し、上位レベルであるテーマを決定
　　（テーマ1）ライティングのための批判的リーディングへの認識
　　（テーマ2）議論構成と文献選別のプランニング
　　（テーマ3）レビュー論文のリーディングとモニタリング
　　（テーマ4）レビュー論文の評価と先行研究の使用

6.5.2　認知プロセスの分析
　　エッセイ作成前の段階でL2大学院生によるライティングのための批判的なリーディングの認識が重要な要素でした。2名ともにアカデミックリーディングはライティングにかかわる文献評価であり、批判的なリーディングと議論構成がアカデミックコミュニティで重要な言説的実践（discursive

practice）という認識がありました。この理解からこれらの大学院生は議論構成のプランニングと文献選別ができていました。

　また 2 名の大学院生は選別された文献の中でも、レビュー論文が通常の研究論文と比較して、非常に価値の高いものであるという評価をしていました。レビュー論文では関連する多くの先行研究が批判的に評価され、体系的にも整理されていたので、L2 大学院生はトピックに関わるアカデミックディベートを明確に認識することができました。加えて、それらの先行研究をリサーチエビデンスとして自分のエッセイ議論構成に使用することも理解ができていました。

6.5.3　社会文化的媒介の分析

　これらのデータでは認知プロセスにもとづいている自己調整的な特徴がみられますが、有効性を高めた要素として社会文化的媒介（sociocultural mediation）があることが、リフレクシブな視点による追加データ分析でわかりました。これは研究者が自分の分析結果を認識しつつ、それに批判的省察と多様性の理解を加え、違う視点でデータ分析を再度試みるものです。

　この作業ではすでに分析した 4 つのテーマに該当するインタビューデータにおいて、社会文化的媒介に関連するキーワードや L2 大学院生の取り組みや気づきが強い傾向の表現を抽出して、下記のようになりました。

・社会文化的媒介の要素

　（テーマ 1）ライティングのための批判的リーディングへの認識

　<u>プログラム担当者や教員の継続的な助言</u>から、L2 大学院生はライティングのための批判的リーディングはコンテクストの言説的実践であると認識した。

　（テーマ 2）議論構成と文献選別のプランニング

　<u>アウトラインや批判的リーディングの概念</u>により、L2 大学院生は違う文献を選んで批判的に評価、適応するというプランニングができていた。

　（テーマ 3）レビュー論文のリーディングとモニタリング

　レビュー論文は先行研究の比較が体系的に整理され、L2 大学院生は<u>筆者がガイドやインストラクターのように読み手を導いている</u>ことを感じ

た。

(テーマ4)レビュー論文の評価と先行研究の使用

レビュー論文の先行研究に対してL2大学院生は高い価値を見出して、知識構築への意識が高く、アカデミックなアイデンティティが見られた。

ここではL2大学院生の認識を高めた社会文化的媒介の例を2つ提示します。

(例1)レビュー論文におけるアカデミックディベートへの紹介

No matter how this author agree or not, he is kind of instruction to help me to—okay, if I want to see it cannot be measured, so who I need to go to? … it really helps me to find a researcher and how to find the direction

(例2)レビュー論文での先行研究におけるエビデンスとしての価値

… it is a review article and there are a lot of, obviously there are a lot of arguments, so I read this article quite carefully, … a lot of position I can use for my assignments.

レビュー論文が媒介物としてL2大学院生の認識を高めたことがわかりました。キーになるワード、フレーズでは instruction, find a researcher, a lot of arguments, I can use for my assignments, 意識や気づきの強さを示す語句では、really, obviously, quite carefully という副詞があります。

6.6　まとめ—研究の要約とリフレクシブなテーマ分析

6.6.1　研究課題の背景と結果の要約

　大学教育におけるアカデミックエッセイは、文献の先行研究をエビデンスとして議論構成に適応させています。近年L2学生のアカデミックエッセイ作成過程の研究が進んでいますが、L2大学院生対象の調査では、ライティングプロセスでの認識に関する研究が多く、文献のリーディングと議論構成の過程における認識は探索されていません。そこで私は学外研究で英国大学院修士課程在籍のL2大学院生を対象に上述のカデミックエッセイ作成過程を調査しました。2名の授業内で高評価を得た大学院生のデータについて、帰納法によるテーマ分析を行い、次のような分析結果が示されました。まず

高い評価を得た L2 大学院生アカデミックエッセイ作成過程において、ライティングのための批判的リーディングへの認識が高く、有効なプランニングと文献選別につながっていました。主要文献のレビュー論文のリーディングと評価では、アカデミックディベートの認識とリサーチエビデンスを議論構成に適応する理解もできていました。さらにリフレクシブな追加分析を行い、社会文化的媒介が認知プロセスを促進していたことがわかりました。媒介としては教員の助言、アウトラインや批判的リーディングなどツールや概念、レビュー論文の筆者によるアカデミックディベートへの紹介、アカデミックコミュニティへの参加意識でした。この研究結果は 2019 年から 2021 年までに複数の EAP（English for Academic Purposes）関連の国際会議で発表されました。また詳細のデータ分析についてまとめた論文は 2021 年に国際学術誌への投稿、2022 年 4 月に発行となりました。

6.6.2 今後の研究とリフレクシブなテーマ分析

今後における L2 大学院生アカデミックエッセイ作成過程の認識に関する調査では、Wingate（2012）のモデルにもあるように、文献の批判的リーディングによる議論構成とライティングプロセスを合わせて探索することがのぞましいでしょう。そのような研究では L2 大学院生の認知プロセスと社会文化的な要素をバランスよく調査するための手法が必要となります。社会文化的な要素には媒介、アイデンティティ、エージェンシー、教育機関での権力構造などがあります。この領域における今後の研究では、帰納法にもとづくリフレクシブなテーマ分析がより重要になっていくと考えられます。

7. 実践者による質的英語教育研究
—Reflective practice をめぐる理論と方法

玉井健

リフレクティブ・プラクティスは教育、看護、スポーツ、福祉等、多様な文脈で実践に携わる人々の自律的成長を志向する実践法であり同時に研究方法です。本稿では特に質的研究法としての側面に焦点を当て、特徴と理論的基盤について説明し研究例を紹介しながら具体的プロセスについて概説します。ただし質的研究はクラフトワークとも言われるようにその方法や材料は一義的に定まるものではなく、扱う現象と文脈、どのような理論的基盤に立つかによってアプローチは変わります。そうした研究背景についても検討していきます[20]。

7.1 はじめに

英語教育学は language learning と language teaching を柱としてスタートし草創期には様々な理論や教授法が提案されましたが、第 2 言語習得研究が発展を見せるにつれて language teaching は習得研究が生む知見から導かれるようになりました。因果論に立つ効果的な教え方に焦点が当たる一方、Freeman（1989）が指摘したように教師がどのようにして teaching を学ぶのか（How teachers learn to teach）に対する関心が置き忘れられていきました。リフレクティブ・プラクティスは実践者の自律的成長への探求手段ですが、行動心理学的原理に沿わなかったことでその使用は主に実践領域に留まりました[21]。こうした傾向に疑問を感じ実践プロセスで起こる多様な現象を捉

20　本稿の元となる講演は 2018 年に ICU で行われたが、その後内容的に更新された部分もあり、基本的に 2021 年の JACET Kansai Journal 23 号に寄稿した論考をもとに執筆を行った。
21　アイルランドでは 2002 年より大学における看護師・助産師養成において、リフレクティブ・プラクティスが実習課程における必修プログラムと位置づけられている。

えようとする実践研究者はその方法論的関心を他の領域に広げ、様々な質的研究法として提案されるようになってきました。アクションリサーチを始めフィールドワーク、グラウンディッド・セオリー・アプローチ、現象学的アプローチ、ケース・スタディ、批判的言説分析等の現れは、外国語教育研究法が自然科学的なパラダイムから社会科学あるいは人文科学的研究観へとその認識論的枠組みの裾野を広げつつあることを示しています。

　この動きは何を意味するのでしょうか。山竹（2015: 62）は、現代心理学は人間を刺激—反応に基づく行動分析によって因果的に解明しようとし、実験と観察によるデータ収集と統計学的な確認を分析手法として採用したために研究者や被験者の主観が科学的原則を歪めるものとして徹底的に排除されたと指摘しています。質的研究が主観つまり教師や学習者の経験から取り出す意味に注目するとはどういうことなのか、まず量的研究と質的研究を対照してみましょう。

7.2　質的実証研究—経験の意味の探求

表　量的研究と質的研究の対比（玉井 2021）

	量的研究	質的研究
目的	経験一般を分析した結果の一般化・法則化	個的経験の構造（本質）の説明・理解
方法	自然科学的方法 現象を実験・観察により数値に置きかえる。仮説検証−結果を変数という要素と要素との関わりで因果的に説明。	多様な認識論に基づく研究方法（認識論的自覚）現象の記述・経験の意味を分析・解釈−部分と全体との往還によって構造を追求，協働的・対話的分析
データ	数値	個々の経験としてのケース，テキスト，語り，映像
特徴	客観性（主観の徹底的排除） 経験一般（再現可能性のある経験） （文脈の排除）	主観に焦点 個別的経験（文脈の重視）
研究者の位置づけ	研究対象からは独立，研究プロセスに関係しない。	研究者と研究対象者とは関係的。研究者の研究プロセス，研究対象者への関わりについて説明責任。研究者が自身を当事者として研究する場合もある。

様々な違いがある中でも2つの研究法の決定的な異なりは経験の意味の扱いにあります。量的研究では経験一般を対象とし客観性を担保するために個々の人間にとっての経験の意味は排除されます。一方、質的研究の中でもケース・スタディ、リフレクティブ・プラクティス、現象学的アプローチのように個的経験に焦点を当てる研究はその意味を深く探ります。経験の意味とは、人が置かれた世界の中で世界に関わりつつどのようにその関わりを受け止め生きようとしているかという生の本質的な営みに関わるもので、それは主観的世界を扱わずには研究しえません。これは実証的心理学が培ってきた客観主義を否定するのではありません。教育や看護における実践研究においては人間の主観や置かれた世界の意味が研究対象の本質的なものとしてあるということです。

　主観は「私」という第一人称で表わされます。第一人称であるからこそ出来事が当事者にとってどのような意味を持った経験であったかが語られます。そのためには意味を研究対象から捨象してしまう実証主義的手法は道具的に間尺に合いません。本稿で扱うリフレクティブ・プラクティスは実証的心理学研究から排除されてきた主観的世界を扱う研究法として位置づけられます。

　では主観的世界を扱うリフレクティブ・プラクティスは実証研究たりえるのでしょうか。ウィリッグ(2003: 4)は「「実証的」とはデータの収集や分析による研究を表す用語である」と言い、質的研究もその範疇にある限り実証研究ということになります。また高橋(2011)は次のように言っています。

> 研究とは、1つの問題意識のもとに、明確に定義された1つの課題を解決するために、計画的・系統的に情報を収集し、それを適切な認識的枠組み(理論あるいは仮説)のもとに分析解説し、さらにその成果を第三者がアクセスできるような形にまとめて社会に公表するという一連の知的活動のことを指す。(p. 1)

　ここからは研究とは1)問題意識と課題設定、2)系統的な情報収集、3)分析、4)分析の基盤となる認識的枠組み、5)成果の公刊という5つの要素を持った知的営為であることが浮かび、これは量的・質的という手法的違いを超えて自然科学・社会科学・人文科学という異なる学問領域に通底する知的

営為としての科学研究の原則を示していると考えます。

　ただし質的研究を語るうえで注目すべきは 4) の認識論的枠組みです。自然科学的研究の場合は、現象を実験・観察により数値に置き換えて結果を要素と要素との関係で因果的に説明するという基本プロセスが研究の前提として共有されているので認識論は問題とはなりません。一方質的研究の場合は、現象をどのようなスタンスで捉えるか、経験の意味にどうアプローチするかという認識方法を研究の理論的基盤として明確にする必要があります[22]。

7.3　リフレクティブ・プラクティス

7.3.1　リフレクションとは

　リフレクションをどのようなものと捉えるかについては実践領域や基盤とする理念によって多少の異なりを見せます[23]が、分野横断的に検討すると次の 5 つが概念的核として浮かびます(玉井 2021)。

(1)　経験に向かい、意味理解を通して自己と経験を結びつける試み
(2)　自己の belief(思考基盤)の批判的検討
(3)　不確定状態を肯定・維持した問いに開かれたプロセス
(4)　協働的な対話的語りの作業
(5)　文脈や状況、及び時間に開かれた作業

　リフレクティブ・プラクティスではジャーナルや対話を通して経験をふり返りますが、理解は分析プロセスで生成的に変化します。教師や学習者の記述をもとに間主観的視点での分析を繰り返すことで、自身の思考や判断の背

22　Merriam (2009) は、実践をテーマに取り組む「研究」としての要件を考える時、研究者が哲学的な基盤について理解していることの重要性を次のように説く。"It is thus important to understand the philosophical foundations underlying different types of research so that you can make informed decisions as to the design choices available to you in designing and implementing a research study." (p. 1)

23　Rodgers (2002) は学界におけるリフレクションの概念解釈の曖昧さは以下のような問題として表れていると指摘する。1) 実践あるいは研究方法論の上で中核をなすリフレクションの概念があいまいである。2) ゆえに方法論的に確実なものにならない。3) さらにその結果、実践の評価ができにくい。

景基盤が次第に浮き彫りにされます。教育哲学者 John Dewey（1910/1997）は
リフレクションに言及して（2）の自身の考えが依って立つ思考基盤にこそ目
を向ける必要を述べています[24]。教師教育では teacher belief と呼ばれる教師
の判断や思考の基盤の批判的探求です。異なる地平から新たな実践理解がも
たらされた時、実践者は「気づき」を手にするのです。次にリフレクション
の対象としての経験をどのようなものと捉えるかについて考えます。

7.3.2　経験へのアプローチ

　経験は人間の認識や存在を語る上で欠くべからざる本質的テーマです。こ
こでは行動主義心理学で扱う脱文脈化された経験一般ではなく、リフレク
ションが向かう対象としての個的経験を教育という文脈において考えます。
それは個的経験の理解こそが、学びという営みがどのように学習者に経験さ
れていたかを知る手段であり、それを現象としてどう捉えるかということが
質的研究としてのリフレクティブ・プラクティスの方法を決めるからです。

7.3.2.1　経験主義学習における学びの資源としての経験

　学びの資源としての個的経験の重要性について説いたのは Dewey
（1938/1997: 25）で、リフレクションはその方法論的手段です。この考えは
アクションリサーチの循環モデルに継承されています。さらに経験には持続
性（continuity）と相互作用性（interaction）があるとし（43-44）、時間的にも社
会関係的にも開かれているとします。経験を固定的なものではなく動きを止
めることのないダイナミックなものと考えることで経験の意味は変更可能性
を秘めることになります。この意味変更のプロセスこそが学びと言えます。

7.3.2.2　現象学的アプローチから見る経験

　現象学は一切の先入見を差し挟まず現象に戻ることを説いたフッサールに

24　In some cases, a belief is accepted with slight or almost no attempt to state the grounds that
support it. In other cases, the ground or basis for a belief is deliberately sought and its adequacy to
support the belief examined. This process is called reflective thought.（pp.1-2）
Active, persistent, and careful consideration of any belief or supposed form of knowledge in the
light of the grounds that support it, and the further conclusions to which it tends, constitutes
reflective thought.（p.6）

基礎を負う哲学思想ですが、弟子であるハイデガーの現存在の実存論的分析やメルロ・ポンティの身体概念の提起、ガダマーの解釈学等、今も新たな展開を続けています。どのような現象学的視点で経験を見るかによって方法は異なりますが、存在を生活世界に位置づけ経験を生きられたものとして記述によって捉えようとする点、1つの真実ではなく経験の本質的意味理解を目指す点、尚且つその理解は変更に開かれているとする点はリフレクションの理念と共通します。特にハイデガーの実存論的・存在論的視点は、教師のティーチングが個々の学習者にどのようなものとして経験されているかという間主観的視点での分析/解釈を可能にしてくれます。

7.3.2.3　文化現象としての経験
　教室は学びを目的としつつも様々な価値観が交錯し複雑な営みが生成される有機的な場であり、実験室という操作的・無機的な空間とは異なります。Geerts（1973: 5）は、人間は文化という自らが紡いだ意味の網に絡まれて生きる動物であると言い、Bruner（1996: 3）は、意味理解は世界との出会いを適切な文化的文脈に位置づけることであり、意味は「心の中」にあるとしてもそれが生まれた文化の中にこそ始まりとその意味的重要性を持つと言います。経験は文化あるいは社会的文脈に位置づけて考えられるべきものと言えます。

7.3.2.4　物語られるものとしての経験
　Merriam（2009: 32）は質的研究のテキストの中で「物語とは、いかに我々が経験の意味を理解し、他者とコミュニケーションを行い、それを通して世界を理解する、そういうものなのだ。(中略)また物語はナラティブとして質的研究においてよく用いられるデータソースとなってきた」と言い、また野家(2005: 18)は過去の経験は解釈学的経験として記憶の中に留まり知覚体験を解釈学経験へと変容させるこの解釈学的変形の操作こそ「物語る」という原初的な言語行為、すなわち「物語行為」を支える基盤にほかならないとしています。リフレクティブ・プラクティスにおいて「物語る」ことは人が生活世界とどのように関わってきたかを実存論的・存在論的な視点から示すという意味を持ちます。それが具体的には記述であり対話による語りであり、質的研究における中心的研究手段なのです。

7.3.2.5 力という視点

フランスの現代思想家フーコーは、社会において権力という概念がどのように生成され、個の存在をどう制約し支配していくかを歴史的な視点から読み解きました。それは学習者も教師も常に権力に晒されている社会的存在なのだという自身の置かれる文脈に対する気づきへと我々を導いてくれます。

以上、経験を考える視点を幾つか検討しましたが、新たな視点は他にもあります。質的研究においては、どのように経験・現象を捉えるかというスタンスが方法論的基盤の選択に繋がることは意識しておきたい点です。

7.3.3 リフレクティブ・プラクティスの方法

リフレクティブ・プラクティスについて玉井・渡辺・浅岡 (2019: 56) は「経験をふり返ることで新たな意味解釈を引き出し、自身と自身の実践について理解を深めることによって問題の解決や成長を志向するための実践研究法」と定義します。これはリフレクションを単なるふり返りや分析的省察とするのではなく人間の生きる基本的営みとして位置づけたものです。

また玉井 (2019: 58–59) は理解に至る循環的研究ステップを 5 段階に分けたモデルを提起しそのプロセスで用いられる基本技術として、問い (inquiry)、記述 (description)、解釈 / 分析 (interpretation/analysis)、フィードバック (feedback) の 4 つがあるとしました [25]。

Inquiry は経験をふり返る入り口で、Question ほど形は整っていません。授業中の不可解な瞬間が一体どんな出来事だったのかというような漠然とした引掛りが問いとなって記述が始まります。

記述は質的研究方法としてのリフレクティブ・プラクティスにおいて要となるデータ収集過程です。語るならば聞き手、ジャーナルならば読み手のフィードバックを受けながらさらに書き加えられ、そのプロセスで問いと記述は生成的に変化し、また新たな記述が重ねられます。

解釈 (理解) / 分析は記述に対して行う意味の取り出し作業です。ポイントは 3 点。断定的な判断ではなく「〜はこうであったかもしれない。こういうアングルから考えればだけど」という具合に常に他の解釈に自身を開いてお

---

25 リフレクティブ・プラクティスには様々なモデルが提案されているが経験をシステマティックに分析し循環的に行われる点は共通している。

図　リフレクティブ・プラクティスの循環モデル (玉井 2019: 58)

きます。協働的参与者は特に注意深く意味解釈にオープンな姿勢が求められます。経験とはプロセスであり、その理解は次の問いと記述、解釈を通して循環的に新たな理解へと開かれていると考えるからです。翻ってプロセスの循環を阻害するような断定的解釈は慎しまねばなりません。これは循環運動を止めてしまうからです。2つ目は先述のデューイが言うように引き出された意味の背景に潜むビリーフ(思考基盤)はどのようなものかに常に目を向けることです。意味の変化の背後にあるビリーフが浮かび上がる瞬間は、経験の理解が変わるだけでなく新たな気づきとして実践を支える地平としてのビリーフが書き変えられる瞬間でもあります。ここまでの理解更新のプロセスこそが実践者によるリフレクティブ・プラクティス研究の産物と言えます。このプロセスをいかに credible な議論にできるかが質的研究としての妥当性を決めることになります。

　ではメンター(私)を介在させながら対話を行い継続的な記述・分析を行うプロセスを経て実践理解がどのように変化していったかが分かる1つの例を現職教員による実践研究(Odagiri: 2018)から検討してみましょう。

　O先生は生徒に対する時、「この子はこうだ」という判断が先行してしまい、自身の実践を学習者視点で捉える感触が得られず苦心していました。メンターの方も実践上の問題の原因を自身ではなく生徒側に見ようとする姿勢が変わらないことに疑問を持ちつつも何もできないでいました。ある日、自身の教師としての歴史を振り返ってもらった時にひとつの決定的な事実が浮

かび、先生が戸惑いつつもその意味を語る機会を得ました。先生は多年に亘って常勤講師として勤務し日常業務に忙殺されながら十分な準備も儘ならぬまま毎年採用試験を受け続けていました。対話の中で見えてきたのは、先生が採用試験に合格しないという壁を単なる失敗以上のものとして生きてきたことでした。自分は教育委員会という存在(stake holder)に拒絶されたのだと感じたこと、また failure というラベルを自身に貼ってしまったこと、それがゆえに常勤講師になった時に自分は無能な教師と思われないように周囲に見せなければならないと強く思い込んでいたことが語られました。1年契約の講師という社会的に不安定なポジションに自らを位置づけ、その後何年も試験を受け続け、その間次年度の契約更新のためには同僚の評価に身を委ねなければならず、自身の実践を正当化しつつ教師生活を送ってきたことが綴られました。ある日 O 先生はヤンチャな生徒の発言を無視しますが、それはクラスが騒がしくなると他の先生に指導力の無さを知られてしまうことを恐れてのことだったと気がつきます。権力的視点から見ると、同僚あるいは上司の評価の目に晒されながら女性常勤講師という社会的立場を生きる O 先生の姿が浮かび上がりました。

　O 先生はこれを自身に潜む real self と ideal self の 2 つのアイデンティティで、自分は real self に目をつぶり ideal self を生きようとしてきたと論じています。それは Skilled teacher として実践を解釈する視点から、弱さに目を開いたひとりの人間存在の視点で学習者を見る眼の獲得であるようでした。

　また、ある生徒(U)が英単語に全てカタカナを振っていたのを問題視していましたが、それを翻して U の学びにとっての意味を考え始め、個人史的な記述を通して U は経験の中から自身のストラテジーを発展させたと捉えられるかもしれないと解釈するに至りました。そして教師の思い込む学びと個々の学習者の学びのギャップに偏見のない目を向ける必要を説いています。論文の最後で自身には教師としての ideal self と real self があったが、その ideal self は本当に自身が目指すべき姿であったのだろうかと問います。O 先生の研究は、学習者理解で感じる自身の違和感を俎上に挙げ、自身の本質的な問題が実は懸命に維持してきた ideal self の地平で判断する自身であることに気づき、内に隠れていた real self を描き出すことで新たな自己理解を得、そのプロセスを他者と共有しうる形で議論したという点で意義ある研究と考えられます。

これまで実践研究はアカデミックな場では評価されて来ませんでした。しかし人間科学としてのリフレクティブ・プラクティスは、哲学や社会学等の領域と学際的に結び合うことで新たな理論的基盤に裏付けられた実践研究法として発展しその領域を拡げつつあります。実践者が自らの実践理解を批判的に探求し、その成果と議論の過程を他の実践研究者と共有可能なものにしていく研究はまさに実践研究者のための研究法と言えるでしょう。

参考文献

1

ウィトゲンシュタイン・ルードヴィッヒ　鬼界彰夫訳 (2020)『哲学探究』講談社

ホワイト・ヘイドン　上村忠男訳 (2017)『実用的な過去』岩波書店

柳瀬陽介 (2018)「なぜ物語は実践研究にとって重要なのか」『言語文化教育研究』16 巻 12–32. https://doi.org/10.14960/gbkkg.16.12

柳瀬陽介 (2020)「当事者の現実を反映する研究のために―複合性・複数性・意味・権力拡充」淺川和也・田地野彰・小田眞幸編『英語授業学の最前線』25–48. ひつじ書房

ローズ・トッド　小阪恵理訳 (2019)『ハーバードの個性学入門―平均思考は捨てなさい』早川書房

2

Finlay, L. (1998) 'Reflexivity: an essential component for all research?', *British Journal of Occupational Therapy*, 61, 10, 453–456.

北村望，末森咲，笹島茂 (2022)「CLIL アプローチによる書く・話す活動の動機づけ要因の探索的試み」『人文・社会科学論集 39 号』東洋英和女学院大学．1–26.

Henderson, B., Meier, D.R., Perry, G., & A.J. Stremmel. (2012) The Nature of Teacher Research. In G. Perry, B. Henderson, & D.R. Meier. (eds.) *Our inquiry, our practice: Undertaking, supporting, and learning from early childhood teacher research* (ers) (3–10). NAEYC.

3

Bloomberg, L. D., & Volpe, M. (2008) *Completing your qualitative dissertation: A roadmap from beginning to end.* Sage.

Dörnyei. Z., & Ryan, S. (2015) *The psychology of the language learner revisited.* Routledge. https://doi.org/10.4324/9781315779553

Du, X. (2018) From EFL, through EMI, to study abroad: The evolving English learning motivation of Chinese students in multiple learning contexts [Unpublished doctoral dissertation]. The Chinese University of Hong Kong.

Henry, A., Sundqvist, P., & Thorsen, C. (2019) *Motivational Practice: Insights from the Classroom.* Studentliteratur.

Kumazawa, M. (2011) *Vulnerability and resilience: working lives and motivation of four novice EFL secondary school teachers in Japan* [Unpublished doctoral dissertation]. Temple University.

Sampson, R. J. (2016) *Complexity in classroom foreign language learning motivation: A practitioner perspective from Japan.* Multilingual Matters.

谷津裕子（2015）『Start Up 質的看護研究第 2 版』学研メディカル秀潤社

4

Fleer, M., González Ray, F. L., & Veresov, N. (eds.) (2017) *Perezhivanie, emotions and subjectivity: Advancing Vygotsky's legacy.* Springer.

Lantolf, J. P., & Poehner, M. E. (2014) *Sociocultural theory and the pedagogical imperative in L2 education: Vygotskian praxis and the research/practice divide.* Routledge.

Lantolf, J. P., Poehner, M., & Swain, M. (eds.) (2018) *The Routledge handbook of sociocultural theory and second language development.* Routledge.

Lantolf, J. P., Thorne, S. L., & Poehner, M. (2020) Sociocultural theory and L2 development. In B. VanPatten, G. D. Keating, & S. Wulff (eds.) *Theories in second language acquisition: An introduction* (223-247). Routledge.

Mynard, J. (2020) Advising for language learner autonomy: Theory, practice, and future directions. In M. J. Raya & F. Vieira (eds.), *Autonomy in language education: Theory, research and practice* (46-62). Routledge.

Mynard, J., & Kato, S. (2022) Enhancing language learning beyond the classroom through advising. In H. Reinders, C. Lai, & P. Sundqvist (eds.) *The Routledge handbook of language learning and teaching beyond the classroom* (244-257) Routledge.

Mynard, J., & Shelton-Strong, S. J. (eds.) (2022). *Autonomy support beyond the language learning classroom: A self-determination theory perspective.* Multilingual Matters.

5

Canagarajah, S. (2022) The Shifting significance of creative writing in composition pedagogy. In B. Chamcharatsri & A. Iida (eds.) *International perspectives on creative writing in second language education: Supporting language learners' proficiency, identity, and creative expression* (14-32). Routledge.

Fujieda, Y., & Iida, A. (2014) Literacy autobiography in EFL contexts: Investigating Japanese student language learning experiences: *KOTESOL Proceedings 2014,* 97-104.

Hanauer, D. I. (2001) The task of poetry reading and second language learning. *Applied Linguistics,* 22, 295-323.

Heigham, J., & Croker, R. A. (eds.) (2009) *Qualitative research in applied linguistics: A practical introduction.* Palgrave Macmillan.

Iida, A. (2012) Writing haiku in a second language: Perceptions, attitude, and emotions of second language learners. *Sino-US English Teaching,* 9, 1472-1485.

Pavlenko, A. (2007) Autobiographic narratives as data in applied linguistics. *Applied Linguistics,* 28(2), 163-188.

大谷尚（2019）『質的研究の考え方—研究方法論から SCAT による分析まで』名古屋大
　　学出版会

髙木亜希子（2016）「質的研究の進め方」浦野研・亘理陽一・田中武夫・藤田卓郎・髙
　　木亜希子・酒井英樹編『はじめての英語教育研究—押さえておきたいコツとポ
　　イント』89-135. 研究社

6

Bereiter, C. & Scardamalia, M. (1987) *The Psychology of Written Communication*. NY: Elbaum
　　Associates.

Braun, V. & Clarke, V. (2006) Using thematic analysis in psychology. *Qualitative Research in
　　Psychology*, 3, 77-101.

Braun, V. & Clarke, V. (2017) Thematic analysis. *The Journal of Positive Psychology*, 12, 297-
　　298.

Cabrejas-Penuelas, A. (2008) A comparison of an effective and an ineffective writer's mental
　　representations of their audience, rhetorical purpose and composing strategies. *Revista
　　Electrónica de Lingüística Aplicada*, 7, 90-104.

Cumming, A., Conttia, L. & Cho, H. (2016) Students' writing from sources for academic
　　purposes: A synthesis of recent research. Journal of English for Academic　Purposes,
　　23, 47-58.

Harwood, N. & Petric, B. (2012) Performance in the citing behaviour of two student writers.
　　Written Communication, 29, 55-103.

Kamijo, T. (2022) 'Many arguments': L2 postgraduate students' task representations in
　　critical reading and argumentation for MA essay assignments. *International Journal of
　　English for Academic Purposes*, 3, 3-19.

Ma, X. (2018) L2 postgraduate students' conceptions of English academic writing: Perspec-
　　tives of mainland Chinese students. *Asian Journal of Applied Linguistics*, 5, 81-92.

Negretti, R. (2017) Calibrating genre: Metacognitive judgments and rhetorical effectiveness
　　in academic writing by L2 graduate students. *Applied Linguistics*, 38, 512-539.

Petric, B. (2012) Legitimate textual borrowing: Direct quotation in student writing. *Journal of
　　Second Language Writing*, 21, 102-117.

Petric, B. & Harwood, N. (2013) Task requirements, task representation and self-reported
　　citation functions: An exploratory study of a successful L2 student's writing. *Journal of
　　English for Academic Purposes*, 12, 110-124.

Ryshina-Pankova, M. (2014) Exploring academic argumentation through course-related blogs
　　through engagement. In Thompson, G. and Alba-Juez L. (eds.) *Evaluation in context*,
　　281-302. Amsterdam: John Benjamins Publishing Company.

Wingate, Ursula. (2006) Doing away with study skills. *Teaching in Higher Education*, 11, 457–465.

Wingate, U. (2012) "Argument!": Helping students understand what essay writing is about. *Journal of English for Academic Purposes*, 11, 145–154.

Wong, A., T. Y. (2005) Writers' mental representation of the intended audience and of the rhetorical purpose for writing and strategies that they employed when they composed. *System*, 33, 29–47.

Yeh, C.-C. (2012) Students' citation knowledge, learning, and practices in the humanities and social sciences. *The Asian ESP Journal*, 8, 97–125.

7

Bruner. J. (1996) *The Culture of Education*. Cambridge: Harvard University Press.

Dewey, J. (1938/1997) *Experience and education*. NY: Touchstone.

Dewey, J. (1910/1997) *How we think*. NY: Dover Publications.

Freeman, D. (1989) Teacher Training, Development, and Decision Making: A model of teaching and related strategies for language teacher education. *TESOL Quarterly* 23, 27–45.

Geertz, C. (1973) *The Interpretation of Cultures*. NY: Basic Books.

Merriam, S. B. (2009) Qualitative Research: A guide to design and implementation, SF: Jossey-Bass.

Odagiri, M. (2018) Developing Understanding of Students' Learning Through Reflective Practice and Phenomenological Perspective: My understanding of students' experience of my teaching (Unpublished master's thesis), Kobe City University of Foreign Studies, Japan.

Rodgers, C. (2002) Defining reflection: Another look at John Dewey and reflective thinking. *Teachers College Record*, 104(4), 842–866.

野家啓一(2005)『物語の哲学』岩波現代文庫

高橋純一(2011)「研究とは何か」高橋順一・渡辺文夫・大淵憲一（編）『人間科学研究法ハンドブック』1-10. ナカニシヤ出版

玉井健(2019)「リフレクションについて」玉井健・渡辺敦子・浅岡千利世（編著）『リフレクティブ・プラクティス入門』33-65. ひつじ書房

玉井健(2021)「リフレクティブ・プラクティス―授業実践研究のための理論的基盤と方法」JACET Kansai Journal 23, 67-95.

ウィリッグ・カーラ 上淵寿・小松孝至・大家まゆみ（訳）（2003）『心理学のための質的研究法入門―創造的な探求に向けて』培風館（Willig, C. (2001) Introducing Qualitative Research in Psychology: Adventures in theory and method. Buckingham:

Open University Press.）

山竹伸二（2015）「質的研究における現象学の可能性」小林隆児・西研（編著）『人間科学
　におけるエヴィデンスとは何か―現象学と実践をつなぐ』61-117. 新曜社

資料　英語論文例

　Part I と II で触れた英語論文の例です。しかし、質的研究は、すでに述べたとおり多様で、決まった形式はないと理解してください。それでも、基本的な書式は理解しておいたほうがよいので、ここに掲載する例を参考にしてください。多くの論文を読んで少しずつ理解することが大切です。ここでは、JALT（日本語学教育学会）の大会の冊子（JALT Postconference Publication - Issue 2021.1; August 2022[26]）に掲載された論文を掲載して解説します。多くの場合、語数制限があります。できる限り、コンパクトに明確に書くことを心がけるようにするとよいでしょう。掲載論文は次の論文です。参考文献などの書式も参考にしてください。著者、発表年、論文タイトル、掲載雑誌や本、出版社(団体)などの順で書きます。ここでは、APAスタイルに従っています。

Suemori, S.（2022）. English teacher motivation and students' perspectives in Japanese secondary schools. In P. Ferguson, & R. Derrah（Eds.）, *Reflections and New Perspectives*. JALT.

全文を掲載できませんが、内容に興味ある人は、JALT のウェブにアクセスすれば読むことができます。最近では、このように多くの論文がオープンアクセス（open access）となっています。質的研究も多く掲載されるようになっていることがよくわかります。
　さて、論文はタイトルが大切です。また、あまり長いタイトルは望ましくないのがふつうで、語数も決まっている場合がほとんどです。掲載論文は10 語です。

English teacher motivation and students' perspectives in Japanese secondary schools

---

26　JALT ウェブサイト：https://jalt-publications.org/proceedings/issues/2022-08_2021.1

英語教師の動機づけ、生徒の見方、日本の中等学校というように、研究の対象や内容、どのような分野や文脈かが、一見してわかるようなタイトルがよいとされます。日本語の要旨は次のとおりです。

> これまでの動機づけ研究によって、教師が学習者に対して大いに影響を与えることが明らかになりつつある (e.g., Kikuchi & Sakai, 2016)。その結果として、教師の心理に焦点を置く研究が増加しており (e.g., Haukås & Mercer, 2021)、教師の動機づけ研究も行われつつある。例えば、何によって教師の動機づけが増大、減退するのか調査されている (e.g., Kassabgy et al., 2001)。しかしながら、これまでの研究は教師の視点に焦点を置くものが中心であり、教師が実際どのように教え、また学習者に影響を与えているかについて調査している研究は限られている。よって、本研究は、教師対象の半構造化インタビュー、授業観察、生徒対象のフォーカスグループインタビューを1年間に渡って実施した。結果として、今回の参加者である教師は明確な目標を持ち、その目標に基づき教えていることが明らかとなった。生徒は教師や授業に対して肯定的であり、良い影響を受けているようであった。

このように、1) 研究の背景や動向など、2) 研究の目的や方法、3) 結果や考察などを簡潔に書くということが、論文の基本です。これは量的研究でも質的研究でも、日本語でも英語でもほぼ同じです。また、この要旨 (abstract) は、論文を読む時も書くときも大切で、論文全体の縮図と言ってもよいでしょう。

　それでは、質的研究の特徴を指摘しながら、論文の一部を切り取って、構成を説明していきましょう。

[Title]　論文のタイトルは簡潔に示します。

English Teacher Motivation and Students' Perspectives in Japanese Secondary Schools

[Author]　著者名と所属（メールアドレスなど）を示します。

Saki Suemori University of Tsukuba

[Abstract]

An important finding in motivation research is that teachers greatly influence students (e.g., Kikuchi & Sakai, 2016). As studies focusing on language teacher psychology have increased (e.g., Haukås & Mercer, 2021), more have examined teacher motivation, including what motivates and demotivates teachers (e.g., Kassabgy et al., 2001). However, these studies have focused on the teachers' perspectives, and few have examined how teachers interact with students in the classroom. This study fills this gap through semi-structured interviews with teachers, classroom observations, and focus group interviews with students, with all data collected longitudinally over one academic year. The findings indicate that teachers had clear goals, and their teaching was based on these objectives. Students also had positive attitudes toward their teachers and classes, and reported that their teachers had a positive influence on their learning.

> 日本語の要旨と較べてもらうとよくわかりますが、構成はほぼ同じです。要点は、論文全体の構成も、日本語の要旨（アブストラクト）と英語の要旨（abstract）はほぼ同様のまとめ方です。タイトルとアブストラクトがきちんと書けているかどうかで読んでもらえるかが決まります。ポイントは、背景、目的、方法、結果、考察をきちんと示すことです。質的研究は、明確な結論を出せない場合が多いですが、そのプロセスをアブストラクトにうまくまとめられると、それはよい論文につながります。（この他に、keyword なども示すことが多くあります）

[Introduction] 序の部分は、研究の背景や目的など、工夫が必要です。

While motivation research in second language acquisition (SLA) has mainly focused on learners (e.g., Dőrnyei & Ushioda, 2021), in recent years researchers have started to investigate teacher motivation, as teachers can be influential in learner motivation (Kikuchi & Sakai, 2016). Although teachers need to have positive motivation, this might be difficult in Japanese contexts. The working hours for teachers in Japan are long, and teachers have duties unrelated to teaching (OECD, 2021). It has also been reported that the number of people taking teacher recruitment exams is decreasing in Japan (e.g., Ujioka, 2021). Although the Ministry of Education, Culture, Sports, Science and Technology (MEXT) initiated a project to illustrate the benefits of a career as a teacher based on teachers' opinions, the teachers shared complaints about their work (Ito, 2021). Therefore, it is important to understand the complex factors involved in the motivation of Japanese teachers. This study investigated two Japanese teachers of English (JTEs) using a longitudinal design with data from semi-structured interviews with the teachers, classroom observations, and focus-group interviews with students.

論文の冒頭部分は、多くの文章同様とても大切です。しかし、冗長になるのはあまりよくないでしょう。簡潔さが最も大切です。ここでは、研究の背景や対象や目的が簡潔に示されています。それを受けて、研究の背景知識を文献など先行研究をもとに説明します。

[Literature Review] 先行研究となる文献をもとに研究の背景知識を示します。

Teacher Motivation

Teacher motivation can be difficult to define because teachers are engaged in a wide range of professional duties. For instance, secondary school teachers in Japan are responsible for students in homeroom class and in club activities, and they also need to communicate regularly with parents. Thus, teachers experience a wide scope of responsibilities beyond simply teaching. In this context, teacher motivation can be described as that which promotes and supports teachers' behavior when they work (e.g., Dőrnyei & Ushioda, 2021). This study focuses on overall teacher motivation, including teaching and the other duties teachers are involved with.

Empirical Studies

Although the research is still limited compared to that examining learner motivation, studies of teacher motivation have been conducted in various contexts. One of the most researched topics concerns motivators and demotivators for teachers (e.g., Aydin, 2012; Kiziltepe, 2008; Sugino, 2010). These studies were conducted using questionnaires and revealed factors that commonly motivate and demotivate teachers, as presented in Table 1.

Table 1

Motivators and Demotivators Identified by Previous Studies

Motivating factors	Source	Demotivating factors	Source
Curricular matters Student-related issues	Johnson (2001) Kassabgy, Boraie and Schmidt (2001); Kiziltepe (2008); Sinclair (2008); Tsutsumi (2014)	Curricular matters Working conditions Student-related issues	Johnson (2001) Aydin (2012); Johnson (2001); Sugino (2010) Aydin (2012); Kim, Kim and Zhang (2014); Kiziltepe (2008); Sugino (2010)
Professional development	Sinclair (2008)		
Colleagues	Johnson (2001)	Colleagues	Aydin (2012)

… (省略) …

Theories of Teacher Motivation

One of the theories commonly used in teacher motivation research is expectancy-value theory, which proposes that "educational, vocational, and other achievement-related choices are directly impacted by one's abilities, beliefs, and expectancies for success on the one hand, and the value one attaches to the task on the other" (Richardson et al., 2014, p. 5).

… (省略) …

154

Another theory derived from applied linguistics is the L2 teacher self, which was introduced by Kubanyiova (2012) based on Dŏrnyei's (2005, 2009) L2 motivational self system.

…(省略)…

In this study, these two theories were used to guide the analysis of the data.

> 論文の研究テーマに関連する、教師の動機づけ、実践研究など先行研究、研究の背景となる理論を簡潔に述べています。このような研究の背景を記述することは論文には欠かせません。Part I と II でもくり返し述べていますが、具体的な例として参考になります。読む人に研究の根拠を示すには重要なプロセスです。また、このように先行研究を読むことは、実践や研究の理解を高め、問題を把握し、リサーチクエスチョン（研究の問い）の設定、研究の方向性にとって重要です。

Research Questions

Although studies of teacher motivation have been conducted in various contexts, data have been collected using teacher interviews and questionnaires. As a result, findings have depended on what teachers wrote and said, rather than how teachers taught and interacted with students.

…(省略)…

The following are the research questions for this study:

1. What are the salient concepts that shape teacher motivation in the secondary school classroom?
2. How is teacher motivation reflected in teachers' classroom practices?
3. How are these salient concepts perceived by students?

質的研究では、仮説ではなく、リサーチクエスチョンを立てるのが一般的です。し
かし、これはあくまで研究の1つの指針と考えるとよいでしょう。量的研究の仮説
検証とは違います。この論文では、1)教師の動機づけを形成する概念は何か、2)教
師の動機づけが授業実践とどうかかわるか、3)それが生徒にどう認識されるか、と
いう問いを立てています。この問いを指針にデータを収集し分析します。

[Method] リサーチ方法やプロセスを明確に示します。

This article is part of a larger study conducted with seven JTEs and focuses on two, both full-time JTEs. Participants were recruited through personal connections. I first asked teachers that I personally knew if they wanted to be part of the study and if they were available. I also asked a few university professors in charge of a teacher training program to introduce me to any teachers they knew who were available for the study. The participants' background information is summarized in Table 2. Names are pseudonyms.

Table 2

Participants' Background Information

Name	Gender	Age	School	Region	Working experience
Haruto	Male	20s	Public high school	Kanto	Three years
Jun	Male	30s	Private junior and senior high school for girls	Kanto	None

Before contacting the teachers, I received permission from the university ethical research board and adhered to their procedures. I first explained the purpose of the study to participants and assured them that their participation depended on their willingness and that they could withdraw at any time.

…(省略)…

Data were collected over an academic year using three collection methods to enable triangulation. First, semi-structured interviews were conducted three times with Jun and four times with Haruto during the academic year. All the interviews were conducted in Japanese and lasted from 60 to 90 minutes.

…（省略）…

I was the only person involved in coding and data analysis. I first organized and coded the data using NVivo 12, first with broad categories such as teaching English and interacting with students, and then with greater detail, following Bazeley's (2013) that coding is like indexing a book.

…（省略）…

> 研究の対象者は個人が特定できないようにしながら、できる限り詳細に記述し、研究の趣旨を説明し、倫理的に問題がないように調査の方法やプロセスを明確に説明します。先行研究などにも言及し、方法や手順などを可能な限り明確に示すことが大切です。方法や手順は、量的研究ほどには厳密性を追求する必要はありませんが、データは適切に集め、検証できるように保管することが大切です。また、個人情報の扱いには特に注意する必要があります。最近では、コンピュータソフトなどを活用している例が多くなってきています。

[Findings]　リサーチ結果を示します。多くの場合分析も含みます。
In this section, I describe the findings of this study, starting with participants' backgrounds, followed by findings from semi-structured interviews, classroom observations, and focus-group interviews with students.

> 質的研究では、この結果の表し方に工夫が必要です。調査方法（半構造インタビュー、授業観察、生徒のフォーカスグループ）の結果を、参加者の背景などと対照しながら分析し考察します。そのために記述はできる限り事実（参加者の言葉、行動など）をもとに分析します。その際、リサーチクエスチョンに沿って分析や解釈を加えていきます。この点の分析は、Part II でも詳しく示しています。しかし、大切なことは、調査する人の思考です。それとともに、信用・信頼に値するような工夫が必要になります。

Haruto
Haruto stated that he became a teacher for three reasons. First, when he was a junior high school student, he enjoyed teaching English to his friends. In high school, he met a JTE who taught English enthusiastically, and he felt that he wanted to become like this teacher.

…（省略）…

After graduating from university, Haruto first worked as a substitute teacher for two years and then began working full-time in a public high school. At the time of the study, Haruto was a homeroom teacher in charge of two sports teams and had organized a school tour for junior high school students.

Motivation

In interviews with Haruto, two themes emerged regarding his motivation. The first was Haruto's desire to become an eigoya, which is an expression that Haruto encountered when he conducted practice teaching. Translated literally, eigoya means an English shopkeeper and refers to a person who has expertise in English.

…（省略）…

The other theme was that of making a lasting impression on students. In my second interview with him, Haruto said,

> I want to become a teacher that students can remember, either for good or bad. Ten years later, I want my students to remember me, whether in good or bad ways, such as "I didn't like him," "He was annoying," or "He was a good teacher." (2nd interview)

In short, he wanted to do something important for his students so that they would remember him even after they graduated.

Classroom Observations

In the English classes that I observed, Haruto taught using both Japanese and English, using English roughly 60% of the time. Haruto always used English when instructing students and leading communicative activities. On the other hand, he used Japanese when explaining grammar and the specifics of reading passages.

Haruto: [Reading from the textbook] In most countries, there were more students who answered "yes" than "no." Let me check to make sure. [Concerning who in the sentence] Which one is it?

Some students: Subjective.

Haruto: Oh, it's subjective? Objective? Possessive? Who thinks that this is subjective (most students raised hands)? Objective? Possessive? Right. It's subjective. I will not explain why this is subjective. Is there anyone who needs an explanation? [Haruto looked around at students' faces, and no one seemed to need further explanation.] (5th observation)

At that point, Haruto explained the meaning of the text mainly in Japanese. He found a relative clause in the passage and asked additional questions to check students' understanding.

…(省略)…

Focus-Group Interviews

During focus-group sessions, Haruto's students stated that they understood subtle points of grammar by studying with Haruto. They were already interested in English itself, but studying with Haruto deepened their understanding of the language, such as the different nuances of "will" and "going to," as the students were taught that there was no difference in junior high school. In the following extract, students were talking about the example sentences Haruto used in the class.

Student 1: We can enhance our understanding. The examples are relatively clear. "I will kill you," and "I am going to kill you."

Student 2: The meaning is dangerous, but it's impressive.

Student 3: Example sentences do not appear in the textbook, but are ones we can laugh at.

Student 2: We can understand them easily, and they have a huge impact. He explained like I went to buy a knife.

Student 1: When we say "I am going to," the person is prepared [for killing].

Student 3: When we say "will," we just think of the idea.

Student 1: In junior high school, we learn that whichever is fine [there's no difference between will and be going to]. So, thanks to his explanation, I understand the difference clearly. (1st focus-group interview)

…(省略)…

Haruto taught the class and interacted with students based on his goals, and students appreciated what he did for them.

> この研究では、二人の教師が調査参加者となっています。このように、研究者が、それぞれの教師の背景、動機づけ、授業観察、インタビューなどを通して得られたデータを分析し解釈し、さらに、生徒のフォーカスグループでの得られたデータを加えることで、リサーチクエスチョンについて解釈し、可能な限り「信用・信頼に値すること(trustworthiness)」に努めています。

Jun

Jun said he became a teacher because of his own high school teachers. When he was a high school student, he planned to become a professional baseball player.

…(省略)…

Motivation

Two themes emerged from interviews with Jun. The first was the stimulation of changes in students so that they would be able to achieve their goals. In Jun's school, the students were supposed to achieve two goals: pass the pre-2nd grade Eiken (Eiken, n.d.) and obtain more than 60 points out of 100 in a regular exam. Jun aimed to help and support students in achieving these goals.

…(省略)…

160

The purpose of the consultation was to check whether the students understood what they had learned. I also talked about what students did well on the exam and what they needed to work more at. We, of course, talked about studying, but the students asked me questions about daily life, various types of questions. (2nd interview)

Classroom Observations

…(省略)…

The students did not speak in English. The following is an example of a class where he was teaching participles. He used only Japanese in the class, and the following extract has been translated into English.

Jun:	This is the second or third class, and probably some of you have not understood. Let's study carefully. First, participles are of two different types. What is the first, [Student 1]-san?
Student 1:	Present.
Jun:	Right. The other one is, [Student 2]-san.
Student 2:	Past.
Jun:	Right. How about the form? What comes after the verb in the present participle, [Student 3]-san?
Student 3:	ing.
Jun:	The meaning is?
Student 3:	Doing. (4th classroom observation)

One of the characteristics of Jun's classes was asking questions that were simple and easy to answer if the students were listening carefully.

Focus-Group Interviews
The focus-group sessions with the students demonstrated that they understood the importance of grammar because of studying with Jun. They felt that they had

not learned as much in the previous year because the teacher (not Jun) had not explained English grammar in ways they expected. Therefore, the students felt that they did not understand the grammar well and appreciated that Jun explained it thoroughly.

Interviewer: What do you think about Jun's teaching?

Student 4: I'm happy because he teaches grammar very well.

Student 5: Even when I was wondering about grammar, the [previous] teacher quickly moved on to the next point. (1st focus-group interview)

…(省略)…

二人の教師を丹念に調査することで、より信用・信頼に値するように工夫しています。質的研究では、調査対象者の言葉、語り、観察、周辺の要素など、丹念に調査します。しかし、すべてを論文の中に記述できませんから、特徴のある言葉を抽出し、限られた言葉で示すことが求められます。あるいは、コード化、カテゴリー化などをして、図や表を使うこともあります。

[Discussion] 考察します。質的研究では結果とともに記述されることがある。

This study was conducted with two JTEs in secondary schools to examine their motivation to work as teachers. Although previous studies have used interviews and questionnaires with teachers, this study also incorporated classroom observations and focus-group interviews with students for triangulation. The study was able to gain further insight into teacher motivation by including data from classroom observations of teachers and focus groups with students.

The results indicate that teachers' goals and visions are important factors in teacher motivation (Kubanyiova, 2012), and this was reflected in their classroom teaching.

…(省略)…

The study also demonstrates that the students were influenced by what the teachers focused on during class. The students I talked to in both Haruto's and Jun's classes had positive attitudes toward how their teachers taught. Haruto focused on grammar, pronunciation, and communication, and the students said that they had deepened their understanding of English. Jun thoroughly explained grammar, and the students felt that their understanding had improved as a result.

…（省略）…

[Conclusion] 結論です。（省略されることもあります）
This study, conducted with two full-time secondary school JTEs, investigated teacher motivation and how it influenced classroom teaching and student attitudes. The findings demonstrate that Haruto and Jun had clear ideas of what they wanted to achieve as teachers and used this as the basis for their classroom behavior. The students understood what the teachers focused on and had positive attitudes toward both the classes and teachers.

…（省略）…

Therefore, future studies should establish ways to consistently track teachers' experiences throughout the year, which might provide clearer and more robust data. This suggests that it is important to continue conducting studies with teachers to determine how they influence students. Nevertheless, this study helps to deepen the current understanding of teacher motivation and demonstrates its importance for both teachers and students.

> 論文のまとめの部分です。考察や調査の限界、今後の展望などを記述します。ここでは、ある程度自由に書けますが、やはり先行研究などを参照し、研究結果を踏まえる必要があります。何がわかって、何がわからないのか、などについて思考します。この思考が、授業実践やその後の研究に役立つことになります。

[References] 引用文献を示します。

Aydin, S.（2012）. Factors causing demotivation in EFL teaching process: A case study.

…..

（以下省略）

> 論文のさいごには、引用文献、資料（appendix）などが付けられます。アンケート内容、インタビュー項目、観察の詳細、倫理的課題の処理（同意書などの書式）などが添えられます。できる限りどのような調査をしたかがわかるように資料を公表します。しかし、注意しなくてはいけないのは、やはり、個人情報などの保護です。

以上、論文例です。他にも多くの論文がジャーナル（研究雑誌）として発行されています。図書館などで閲覧できます。また、インターネット上でもオープンアクセスの論文あります。すべて読む必要はありません。必要な内容を司書の人に相談して多く読むと、論文形式が理解できるでしょう。

資料　用語集

用語集　glossary

English	日本語
abstract	要旨
acquisition-learning hypothesis	習得学習仮説
action research	アクションリサーチ
aims	目標
Americal Psychological Association	アメリカ心理学会
assess	意味づけ、評価測定する
assessment for language learning	言語学習のための評価測定
assumption	思い込み
axial coding	アキシャル・コーディング
axiology	価値論
background knowledge	背景知識
basic user	初級（基礎的な言語使用者）
behaviorism	行動主義
bracketing	かっこづける、ブラケッティング
brainstorming	ブレインストーミング
case study	ケーススタディ（事例研究）
categorizing	カテゴリー化
CEFR (the Common European Framework of Reference for Languages)	ヨーロッパ言語共通参照枠
CELTA (Certificate in English Language Teaching to Adults)	英語指導法の資格
CLIL (Content and Language Integrated Learning)	内容と言語を統合した学習
coding	コード化、コーディング
communicative language teaching (CLT)	コミュニカティブ・アプローチ
comprehensible input	i+1（学習者が理解していることより少しむずかしい学習内容を与えること）
confirmability	確認できること（確認可能）
constructivism	構成主義

English	日本語
continuing professional development（CPD）	継続的な資質向上
convergent design	収斂デザイン
credibility	信用できること
critical thinking	批判的思考
cultural interaction	文化的相互作用
data gathering	データ収集実施
dependability	再現できること（再現可能）
descriptor	ディスクリプター
development	改善
dimension	特性の程度
discussion	考察
diversity	多様性
eclectic	折衷型（MMR）
ELP（Europe Language Portfolio）	ヨーロッパ言語ポートフォリオ
embedded	埋め込み
empathy	共感
empirical research	実証研究
English pedagogy / teaching methods	英語指導法
entity	ものごと、総体
epistemology	認識論
ethnography	エスノグラフィー
evidence-based	根拠にもとづく
explanatory sequential design	説明的順次デザイン
exploratory sequential design	探索的順次デザイン
external audits	外部監査
external validity	外的妥当性
fidelity	真実性
fixed mindset	固定マインドセット
follow-up research or study	追研究
genre analysis	ジャンル分析
global competence	グローバル能力
grounded theory approach	グラウンディド・セオリー・アプローチ
growth mindset	成長マインドセット

English	日本語
Harold E. Palmer	英語教授研究所初代所長、英国の英語学者
IMRaD	Introduction, Methods, Resultss, and Discussion（量的研究論文の形式）
inclusion	包括性
independent user	中級（自立した言語使用者）
informed consent	インフォームドコンセント
innovative	刷新型（MMR）
intercultural awareness	文化間意識
IB (International Baccalaureate)	国際バカロレア
intersubjectivity	間主観性
invisible	目に見えない
JARS-Qual	質的研究のスタンダード
Journal Article Reporting Standards	研究論文のスタンダード
labelling	ラベル化
learner autonomy	自律学習
lesson study	授業研究
Lev Vygotsky	ロシアの心理学者
Likert scale	リッカート尺度
lived experience	生きられた経験
logic	論理
make sense	腑に落ちる
metaphysics	形而上学
method	メソッド（方法）
methodological integrity	方法論上の誠実さ
methodology	方法論
mixed methods research (MMR)	ミックスト・メソッド・リサーチ（混合研究）
morphology	形態論
multiple methods	複合型
narrative	ナラティブ
naturalistic inquiry	自然主義的探求
noise factors	複合的な要因
non-numerical data	数値ではないデータ
objective	客観的

English	日本語
objectivity	客観（性）
observation	観察
ontology	存在論
open coding	オープン・コーディング
paradigm	パラダイム
pedagogy	教えるということ、教育、教授
phenomenology	現象学
phonetics	音声学
phonology	音韻論
pilot study	予備調査
plagiarism	剽窃
Plan-Do-Check (Study)-Act	PDCA サイクル
pluriculturalism	複文化主義
plurilingualism	複言語主義
positionality	ポジショナリティ
positivism	実証主義
postpositivisim	ポスト実証主義
poststructualism	ポスト構造主義
pragmatics	語用論
previous research	先行研究
principled eclectic	原理にもとづく折衷型(MMR)
procedure	手続き
proficient user	上級(熟達した言語使用者)
property	特性
purpose	課題の目的
qualitative data analysis software	質的データ分析ソフト
quality	質、定性
quantity	量、定量
reflection	リフレクション、省察
reflective teaching	リフレクティブティーチング
reflexivity	リフレクシヴィティ
reliability	信頼性
research ethics	研究倫理
research lesson	研究授業

English	日本語
results	結果
rigid	厳密な
scaffolding	足場かけ、支援
science/evidence-based	科学的根拠にもとづく
second language acquisition (SLA)	第二言語習得
selective coding	セレクティブ・コーディング
semantics	意味論
semi-structured interview	半構造化インタビュー
SLA (second language acquisition)	第二言語習得
social constructivism	社会構成主義
social interaction	社会的相互作用
sorting	仕分け
statgistical analysis	統計分析
Stephen Krashen	アメリカの言語学者
subject	対象
subjective	主観的
subjectivity	主観（性）
syntax	統語論
teacher inquiry	教師の問い
teacher reflection	教師の省察
teacher research	ティーチャーリサーチ
teleology	目的論
TESOL (Teaching English to Speakers of Other Languages)	英語指導法の資格
testing methods	検証方法
the input hypothesis	インプット仮説
The Institute for Research in English Teaching	英語教授研究所
the theory of knowledge	知の理論
theorizing	理論化
thick description	厚い記述
transcription	文字起こし
transferability	転移できること（転移可能）
transparency	透明性

English	日本語
triangulation	トライアンギュレーション （多様なデータを組み合わせる手法）
trustworthiness	信用・信頼に値すること（信頼性）
utility	有用性
validity	妥当性
willingness to communicate（WTC）	コミュニケーションの意欲
ZPD（zone of proximal development）	最近接発達領域

索引

執筆者紹介 (* は編者)

笹島茂 *

CLIL 教員研修研究所理事長，元東洋英和女学院大学国際社会学部教授

University of Stirling, PhD in Education

英語教育，CLIL

主著書

・笹島茂 (2020)『教育としての CLIL』三修社

・Sasajima, S. (2014) *An Exploratory Study of Japanese EFL Teachers' Kokoro: Language Teacher Cognition at Secondary School in Japan.* Lambert Academic Publishing.

宮原万寿子 *

元国際基督教大学リベラルアーツ英語プログラム課程准教授

The University of London, Institute of Education, PhD in Education and Second Language Learning

英語教育，研究方法論

主著書

・Miyahara, M. (2015) Emerging Self-Identities and Emotion in Foreign Language Learning: A *Narrative-Oriented Approach.* Bristol, UK: Multilingual Matters.

・Miyahara, M. (2019) Methodological Diversity in Emotions Research: Reflexivity and Identities. *Journal for the Psychology of Language Learning* 1. 83-105.

末森咲 *

筑波大学人文社会系助教

お茶の水女子大学 博士 (学術)

英語教育学，言語学習における心理

主著書

・Suemori, S. (2022). English Teacher Motivation and Students' Perspectives in Japanese Secondary School. *JALT Postconference Publication,* 108-116.

・Suemori, S. (2020). Motivators and Demotivators to Teach English in Japanese Secondary Schools. *JALT Journal,* 42(1), 51-65.

守屋亮 *
早稲田大学教育・総合科学学術院助手
早稲田大学 教育学修士
言語学習アドバイジング，社会文化理論
主著書

- Moriya, R. (2022). Exploring the collective aspects of perezhivanie through classroom-based peer advising sessions. *JASAL Journal*, 3(2), 42–65.
- Harada, T., & Moriya, R. (2020). Analyzing discourse in EMI courses from an ELF perspective. In Konakahara M. & Tsuchiya K. (Eds.), *English as a Lingua Franca in Japan: Towards multilingual practices*. 133–155. Palgrave Macmillan.

柳瀬陽介
京都大学国際高等教育院教授
広島大学 博士(教育学)
英語教育の哲学的分析，実践的英語教育研究
主著書

- 柳瀬陽介（2020）「当事者の現実を反映する研究のために　複合性・複数性・意味・権力拡充」，淺川和也・田地野彰・小田眞幸編（2020）『英語授業学の最前線』ひつじ書房，25–48.
- Yanase, Y. (2020). The Distinct Epistemology of Practitioner Research: Complexity, Meaning, Plurality, and Empowerment. *JACET Bulletin*, 64, 21–38.

飯田敦史
青山学院大学文学部准教授
Indiana University of Pennsylvania, PhD in Composition & TESOL
英語教育学，第二言語ライティング
主著書

- Chamcharatsri, B. & Iida, A. (2022) *International Perspectives on Creative Writing in Second Language Education.* Routledge.
- 飯田敦史（2019）「ライティング指導理論と応用」木村松雄（編），『新しい時代の英語科教育法：小中高を一貫とした理論と実践』学文社，51–58.

上條武
立命館大学経営学部教授
University College London, Institute of Education, MA in TESOL
アカデミックライティング，研究出版のためのリサーチライティング
主著書

- Kamijo. T. (2020). Examining L2 learners' source text reading strategies for an MA module assignment in a UK university. In Kenny N. & Escobar L. (Eds), *The changing face of ESP in today's classroom and workplace*. 149–162. Vernon Press.

玉井健

高知リハビリテーション専門職大学教授，神戸市外国語大学名誉教授

神戸大学　博士(学術)

教師教育，第二言語習得

主著書

- 玉井健(2021)「リフレクティブ・プラクティス−授業実践研究のための理論的基盤と方法」*JACET Kansai Journal 23.* 大学英語教育学会(JACET)関西支部，67-95.
- 玉井健，渡辺敦子，浅岡千利世(2019)『リフレクティブ・プラクティス入門』ひつじ書房

英語授業をよくする質的研究のすすめ

Introducing Qualitative Research to Improve Your English Teaching

Edited by SASAJIMA Shigeru, MIYAHARA Masuko, SUEMORI Saki, and MORIYA Ryo

発行	2023 年 6 月 20 日　初版 1 刷
定価	2200 円＋税
編者	©笹島茂・宮原万寿子・末森咲・守屋亮
発行者	松本功
装丁者	杉下城司
組版所	株式会社 ディ・トランスポート
印刷・製本所	株式会社 シナノ
発行所	株式会社 ひつじ書房

〒112-0011 東京都文京区千石 2-1-2 大和ビル 2 階
Tel.03-5319-4916　Fax.03-5319-4917
郵便振替 00120-8-142852
toiawase@hituzi.co.jp　https://www.hituzi.co.jp/

ISBN978-4-8234-1188-5

［刊行書籍のご案内］

質的言語教育研究を考えよう　リフレクシブに他者と自己を理解するために

八木真奈美・中山亜紀子・中井好男編　　定価 2,200 円＋税

言語教育の分野でも広がる「質的研究」。興味があるけど、どうやるの？ インタビューをすれば質的研究？
結果は一般化しないの？ 様々な疑問に、言語教育の実践者である執筆者が、それぞれの研究とその裏側を
明かし、新たな概念の提唱を試みた渾身の書。初心者も経験者も質的研究の真髄を知りたいなら、この1冊。
執筆者：八木真奈美、中山亜紀子、中井好男、李暁博、脇坂真彩子、欧麗賢、大河内瞳、サマンティカ・ロ
クガマゲ、嶋本圭子、瀬尾悠希子